La fabrique d'une minorité
Les Jummas au Bangladesh

Logiques sociales
Collection dirigée par Bruno Péquignot

En réunissant des chercheurs, des praticiens et des essayistes, même si la dominante reste universitaire, la collection « Logiques Sociales » entend favoriser les liens entre la recherche non finalisée et l'action sociale.

En laissant toute liberté théorique aux auteurs, elle cherche à promouvoir les recherches qui partent d'un terrain, d'une enquête ou d'une expérience qui augmentent la connaissance empirique des phénomènes sociaux ou qui proposent une innovation méthodologique ou théorique, voire une réévaluation de méthodes ou de systèmes conceptuels classiques.

Dernières parutions

Mara TOGNETTI BORDOGNA, *Femmes de la migration, Pour une sociologie dynamique des populations,* 2017.
Léa MESTDAGH, *Jardiner entre soi,* 2017.
Marjorie LELUBRE, *Le prix de l'insertion, Accompagner vers le logement comme solution au sans-abrisme ?,* 2017.
Didier CORNUEL, *Marché du logement et aides publiques,* 2017.
Christophe GUIBERT et Benjamin TAUNAY (dir.), Tourisme et sciences sociales, *Postures de recherches, ancrages disciplinaires et épistémologiques,* 2017.
Sandrine GAYMARD et Teodor TIPLICA (dir.), *Sécurité routière : états des lieux et initiatives dans le monde,* 2017.
Dorina COSTE, *Une école de management à l'épreuve des cours d'art,* 2017.
Nicolas BOURGOIN, *Surveiller et punir. L'ère de la pénalité prédictive,* 2017.
Florence DOUGUET et Thierry FILLAUT, *Grossesse et alcool. Représentations et appropriations d'une priorité de santé,* 2017.
Claude GIRAUD, *L'ordre social,* 2017.
Corinne COVEZ, *Le cirque, une école du vivre. Pratique artistique : une éducation de la relation à soi, aux autres et au monde,* 2017.
Delphine RIVIER, *L'analyse de pratiques professionnelles en institut de formation en soins infirmiers, Expression de la singularité des cadres de santé formateurs,* 2017.
Suzie GUTH, *Les gangs de jeunes Italo-Américains,* 2017.

Paul Nicolas

La fabrique d'une minorite

Les Jummas au Bangladesh

Préface de Devasish Roy

© L'Harmattan, 2018
5-7, rue de l'École-Polytechnique ; 75005 Paris
http://www.editions-harmattan.fr
ISBN : 978-2-343-13789-6
EAN : 9782343137896

PRÉFACE[1]

Il me fait plaisir d'écrire quelques lignes sur le livre de Paul Nicolas, « *La construction d'une minorité : les Jummas au Bangladesh* ». Je suis reconnaissant à Paul pour son amitié, et admire son travail pour les droits de l'homme, ceux des groupes minoritaires et des peuples autochtones, dont ceux des Chittagong Hill Tracts.

N'étant pas francophone, je n'ai pas lu la totalité du manuscrit en français du livre de Paul, mais j'ai eu l'occasion de lire une traduction anglaise de sa conclusion, ce qui me donne une idée des affirmations, observations et analyses qui en constituent la base.

Tel que je le comprends, Paul Nicolas met en évidence les défauts de conception et, surtout, les carences de fonctionnement comme les contradictions qui existent au sein de l'État-nation moderne, en s'appuyant sur l'expérience de la région des Chittagong Hill Tracts (CHT) au Bangladesh.

Il soutient que l'État bangladais, et avant lui, l'État pakistanais, comme auparavant l'Empire des Indes, précurseur colonial de ces deux États-nations «postcoloniaux», ont échoué à intégrer ou refusé d'inclure les habitants des CHT dans la gouvernance. Dans le même temps, ils n'ont pas hésité à « inclure » le territoire et les ressources de cette région dans leurs sphères de contrôle, et à les exploiter tout en excluant les peuples jummas qui y vivaient.

Alors que l'Empire britannique était, sans conteste, un empire dans tous les sens du mot, la conduite des États-nations qui lui ont succédé, pour ce qui concerne les populations des CHT comme de plusieurs autres peuples autochtones voisins, a été colonialiste tout autant que l'ancien Empire dont ils ont emboîté le pas.

Paul Nicolas mentionne, entre autres, la mise en service du barrage hydroélectrique de Kaptaï par le gouvernement pakistanais en 1960 et

---

[1] Traduit de l'anglais par P. Nicolas.

le programme de transfert de population du gouvernement bangladais des années 1980, qui a implanté quelques 400 000 colons musulmans bengalis au sein d'une région où la population n'est majoritairement ni musulmane et ni bengalie. C'est ce qui a conduit à la marginalisation et à la « minorisation » des autochtones Jummas des CHT. Ce programme de transfert de population était similaire, à bien des égards, à celui du gouvernement israélien en Palestine et à celui du gouvernement indonésien dans plusieurs de ses provinces, comme par exemple la Papouasie occidentale.

Les politiques d'exploitation de l'Empire britannique - utilisation des ressources de la région pour son seul bénéfice, à l'exclusion des peuples de la région - ont été non seulement poursuivies par les États successeurs, mais portées à de nouveaux sommets. Cela s'est traduit notamment par la création de nouvelles « réserves forestières », de « sanctuaires pour la faune » et de « parcs nationaux », mais aussi par l'octroi de baux, sur des terres de droit coutumier autochtone, à des entreprises non-résidentes ou à près d'un demi-million de colons, tout cela sous les auspices de l'armée.

La signature de l'Accord des CHT de 1997 - qui met fin aux hostilités armées avec la guérilla autochtone et expose les éléments d'une autonomie limitée avec primauté autochtone - aurait dû inverser la tendance à la colonisation perpétrée depuis les années 1770 par la Compagnie britannique des Indes orientales. Mais cela n'a pas été le cas, au moins jusqu'à ce jour. Il y a juste quelques semaines, le 2 décembre 2017, au moment de la célébration du 20ème anniversaire de l'Accord, alors que le gouvernement « célébrait » la « paix », des manifestations, silencieuses ou non, dénonçaient les effets de cette paix injustement imposée au peuple jumma.

La stagnation actuelle de la mise en œuvre fidèle des éléments les plus cruciaux de l'accord - notamment la démilitarisation, le règlement équitable des conflits fonciers avec restitution des terres spoliées - démontre de façon poignante le refus ou l'échec de l'État bangladais d'inclure les Jummas dans l'État, d'une manière qui leur permette de conserver et de maintenir leurs identités ethniques et culturelles distinctes et leur intégrité territoriale.

La recherche de Paul Nicolas remet en question la prétention aux valeurs démocratiques avancées par plusieurs États-nations d'aujourd'hui, comme le Bangladesh. On se demande si les États basés sur des identités nationales monoculturelles - comme le Bangladesh - peuvent intégrer des minorités, comme les Jummas, sans chercher à les assimiler, à moins de profondément changer ce qu'on entend par « nation », « citoyenneté », « démocratie » et « identité ».

Les Jummas des CHT ne sont qu'un exemple de plus de peuples autochtones, parmi beaucoup d'autres, dont le statut marginalisé et « minorisé » est clairement apparent quand ils disent « Non » aux trois questions suivantes :

- Un : l'État a-t-il cherché le consentement de votre peuple, ou de vos ancêtres, quand il a inclus votre territoire dans l'État ?
- Deux : l'État a-t-il accordé un rôle important à votre peuple dans la rédaction de la constitution nationale ?
- Trois : l'État a-t-il demandé votre consentement, ou au moins vous a-t-il consultés, lorsqu'il a élaboré les principales lois sur les structures de la gouvernance, la propriété et le transfert du territoire ?

Devasish Roy

Chakma Chief

Barrister & Advocate

Supreme Court of Bangladesh[2]

24 December 2017

---

[2] Voir sa biographie, encadré 3, p.68.

SOMMAIRE

Introduction 13
    Problématique et concepts 14
    Plan 20
    Les sources utilisées 21
    Implication et distance 24

Première partie : Les Jummas aux marges du Bangladesh 27
    1. Les Chittagong Hill Tracts : une région singulière 28
    2. La part des Jummas ? 36
    3. Des conditions de vie difficiles 44
    4. Une autre culture que celle de la majorité des Bangladais 56
    5. Minorités ethniques ou peuples autochtones ? 64

Deuxième partie : les Jummas sous deux siècles de domination (1860-1997) 71
    1. Sous la colonisation anglaise, une autonomie relative 72
    2. En marge du Pakistan 81
    3. Le Bangladesh refuse l'autonomie et installe des colons dans les Hill Tracts 90
    4. Vingt années de guerre 98
    5. Vers le traité de 1997 110

Troisième partie : la fin de la domination ou le temps des illusions 119
    1. Les accords de 1997 : des résultats décevants pour les Jummas 121
    2. Les Jummas sous la violence d'une occupation intérieure 128
    3. Violences entre Jummas 142

Conclusion générale 147

Bibliographie 151

TABLES 163
    Table des cartes 163
    Table des encadrés 164
    Table des tableaux 164
    Table des photos 164
    Table des graphiques 165

TABLE DES MATIÈRES 167

Introduction

Peu de travaux de sciences sociales francophones ont été publiés sur le Bangladesh. Plus rares encore sont ceux concernant les minorités ethniques de ce pays. Ce livre s'inscrit donc dans un espace de recherche peu fréquenté. Cependant d'autres motivations plus essentielles m'ont conduit à sa publication.

La minorité dont il est question ici est celle des Jummas qui vivent au sud-est du Bangladesh, dans la région des Chittagong Hill Tracts. J'ai accueilli dans ma famille l'un d'entre eux, alors âgé de 10 ans, arrivé en même temps que 71 autres garçons de 6 à 16 ans. C'était en octobre 1987[3]. C'est pour cela que je me suis intéressé, depuis 30 ans, à l'évolution de ce groupe en France. J'ai participé à beaucoup de temps forts de la vie de ce groupe, et j'ai eu de nombreux entretiens avec beaucoup d'entre eux.

Par voie de conséquence, j'ai aussi cherché à comprendre la situation actuelle des Jummas du Bangladesh et l'histoire de cette population. Cet intérêt m'a conduit à en faire l'objet d'une thèse de géographie[4] sur laquelle s'appuie en grande partie ce livre comme celui à paraitre. J'ai, comme d'autres familles d'accueil, compris combien cet épisode était le résultat tragique de la situation de domination dont étaient victimes les Jummas dans leur pays. En 1987, au moment de l'arrivée des 72, Madame Mitterrand alertait sur le fait qu'elle craignait de voir les Jummas victimes d'un génocide[5]. J'ai donc ressenti assez vite le besoin de m'engager au sein d'associations qui soutenaient le combat des Jummas au Bangladesh. La thèse, comme les deux livres qui en

---

[3] Il sera longuement question des circonstances de cette arrivée dans le livre à paraitre dans la même collection : *La fabrique d'une communauté transnationale, les Jummas entre France et Bangladesh*.
[4] *La fabrique d'une communauté transnationale, les Jummas entre France et Bangladesh*, thèse de doctorat de géographie, dirigée par Virginie Baby-Collin et soutenue le 1er juin 2017 à Aix-en-Provence.
[5] Danielle Mitterrand, alors présidente de l'association France Libertés, déclarait en octobre1986 à la télévision : « *Les Hill Tracts sont une région du Bangladesh où se déroule un drame. C'est tout simplement un génocide* ».

résultent sont donc aussi un moyen d'attirer le regard sur le sort de cette minorité presque totalement ignorée en France.

Certes, des minorités discriminées aujourd'hui sur des bases nationales, ethniques, culturelles ou religieuses existent un peu partout dans le monde. Mais, pour les Jummas comme pour les autres minorités discriminées, la question se pose de savoir comment on en est arrivé à ces situations, par quels processus sociaux, au cours de l'histoire, elles ont été mises en marge des États. En d'autres termes, je cherche à décrire la *fabrique* d'une minorité dominée. Je préfère le terme de « fabrique » à celui de construction. Fabrique vient du latin *fabrica* qui voulait dire boutique, atelier, forge. Le mot évoque donc un lieu où sont créés des objets de manière artisanale. Le mot construction suggère un objet fait selon un plan déterminé. Fabrique invite à observer le lieu et la manière dont les choses se font (et par moment se défont). Ce terme plus modeste, laisse place au hasard, à l'inachevé. En utilisant le terme fabrique, je signifie que ce processus est contingent et non orienté vers une fin.

Pour résoudre cette problématique, je vais d'abord en définir les termes et préciser les concepts que je vais mettre en œuvre.

Problématique et concepts

- Minorité

Dans le langage commun et dans les dictionnaires courants, l'idée de minorité renvoie à une infériorité numérique. Le mot dénote aussi une infériorité (en latin *minor* signifie moindre) (Fenet et Soulier, 1989). Dans les sciences sociales, face à « *l'extraordinaire hétérogénéité des phénomènes sociaux que l'on peut ranger sous l'étiquette de minorité* », Gérard Soulier (op. cit., p. 41-42) doute que l'on puisse trouver « *un dénominateur commun à toutes les situations identifiables comme phénomène de minorité* ». Dans un texte publié en 2010 par l'ONU sur les droits des minorités (Nations unies, Haut-Commissariat aux droits de l'homme, 2010)[6], les rédacteurs conviennent aussi « *qu'il n'existe pas de définition reconnue à*

---

[6] http://www.ohchr.org/Documents/Publications/MinorityRights_fr.pdf, consulté le 1/ 09 /2017

l'échelon international qui permette de déterminer quels groupes constituent des minorités ». Bernard Voutat et René Knuesel (1997) considèrent même que définir en soi les minorités présente le risque de les naturaliser et d'escamoter les processus sociaux qui ont conduit à leur construction. Ce sont les relations entre groupes qui produisent, dans le même mouvement, minorité(s) et majorité, la majorité instituant la différence comme une infériorité. Cette position rejoint celle de Pierre George (1984) ou de Marek Koter (1994)[7]. Ce dernier considère que le terme fait référence « *à une collectivité marginale… qui occupe une position de second rang tant au niveau social que légal* » (p. 289).

Le concept de minorité renvoie enfin, comme le remarque Gérard Soulier à la manifestation « *d'insatisfaction d'un groupe du fait qu'il est en situation minoritaire et subit une infériorisation, quand il ne s'agit pas d'une pure et simple oppression* » (Fenet et Soulier, 1989, p. 40). Les groupes minoritaires n'existent qu'au travers de leur résistance à la domination qu'ils subissent, à leur volonté d'empêcher leur relégation dans des statuts sociaux dévalorisés.

En l'absence de définition reconnue à l'échelle internationale, les Nations Unies (2010) soulignent qu'une minorité peut exister même si sa réalité est niée dans l'État où elle est présente. Les documents de l'ONU s'appuient sur le principe de l'auto-identification. Les minorités existent à partir du moment où elles se perçoivent comme telles. Cette représentation d'elles-mêmes par les minorités est aussi une construction qui s'élabore au cours de leur histoire dans les relations qu'elles entretiennent avec les États ou les autres groupes sociaux.

Le 18 décembre 1992, l'Assemblée générale des Nations Unies a adopté la déclaration des droits des personnes appartenant à des minorités nationales ou ethniques, religieuses et linguistiques[8]. Celle-

---

[7] Dans cet article Marek Koter établit deux classifications des minorités en sept catégories selon leurs relations ethno-territoriales ou selon leur genèse.
[8] Résolution 47/135

ci appelle les États « *à protéger l'existence[9] et l'identité des minorités sur leurs territoires* » (article premier). Cela inclut le droit de « *jouir de leur propre culture, de pratiquer leur propre religion, d'utiliser leur propre langue* » (article 2)[10]. Les États doivent aussi prendre des mesures pour que les personnes appartenant à des minorités puissent exercer « *tous les droits de l'homme et toutes les libertés fondamentales sans aucune discrimination et dans des conditions de pleine égalité devant la loi* » (article 4). Enfin les personnes appartenant à des minorités « *doivent pouvoir prendre une part effective aux décisions qui les concernent tant au niveau régional que national* » (article 2). À travers ces dispositions se lisent en creux les atteintes dont sont menacées, à des degrés divers, les minorités dans le monde. Celles-ci prennent quatre formes principales : menace quant à leur existence et au maintien de leur identité culturelle, discrimination, mise à l'écart des décisions politiques.

L'objet de ce travail sera donc d'évaluer dans quelle mesure les Jummas du Bangladesh ont été et sont encore menacés dans leur existence et dans leur identité, en quoi ils ont été et sont encore discriminés, en quoi ils ont été et sont encore mis à l'écart des choix politiques économiques et sociaux qui les concernent. Cela conduit à mettre en évidence les formes de domination qu'ils ont subies et qui ont fait de cette population une minorité dominée.

Comme je l'explique plus loin, c'est surtout - mais pas seulement - avec les outils de la géographie que j'aborde cette question. Les géographes qui traitent des minorités sont particulièrement sensibles aux relations des minorités au territoire. Le dictionnaire critique de Roger Brunet (et al., 1992) distingue les minorités incluses au sein d'un État, celles qui appartiennent à des États proches et contigus sans

---

[9] Dans une note d'orientation du secrétaire général des Nations Unies, de 2015, il est souligné que les États ont la responsabilité de « *protéger les populations du génocide, des crimes de guerre, du nettoyage ethnique et des crimes contre l'humanité* »
http://www.un.org/fr/events/racialdiscriminationday/2015/PDF/FRENCH%20Guidance%20Note%20on%20Minorities.pdf , consulté le 1/09/2017

[10] « *La protection de l'identité empêche l'assimilation forcée et la disparition des cultures, des religions et des langues qui donnent au monde sa richesse et constitue donc une partie de son patrimoine.* » (Nations Unies, Haut-Commissariat aux droits de l'homme, 2010, p. 14).

avoir leur propre État et celles qui, dans un ou plusieurs États, sont détachées d'un peuple disposant d'un État. Le *Dictionnaire de la géographie* de Jacques Lévy et Michel Lussault (2003, p. 621) associe d'emblée minorité et territoire et définit la minorité territoriale comme « *un groupe considéré comme suffisamment différent du reste de la population d'un État pour bénéficier ou se prévaloir d'un statut territorial spécial ou au contraire de le subir contre son gré* ». L'approche géographique considère elle aussi que « *les minorités territoriales n'existent pas en elles-mêmes mais sont le produit de contextes géographiques particuliers* » (Lévy et Lussault, 2003, p. 622), que les découpages territoriaux mal ajustés fabriquent des minorités. La diffusion de l'État-nation occidental moderne est donc un des moteurs de la fabrication des minorités notamment à partir de la fin de la Première Guerre mondiale. Je cherche donc ici à comprendre comment le territoire des Jummas s'articule au cours de l'histoire récente dans les structures étatiques diverses qui l'ont englobé. La notion de territoire, centrale dans ce travail, mérite de ce fait d'être précisée.

- Territoire

Définir le territoire est un exercice délicat. Le *Dictionnaire de la géographie* de Lévy et Lussault (2003) assumait même la diversité des définitions possibles puisqu'il confiait à trois auteurs (Jacques Lévy, Bernard Debarbieux et Jean Paul Ferrier) le soin d'en donner trois définitions différentes. Me rapprochant de la définition qu'en donne Bernard Debarbieux[11] (2003, p. 910), je définis les territoires comme des espaces que se sont appropriés les sociétés, qui les ont marqués de leur empreinte, et qui constituent pour elles un support de leur identité.

Une société peut s'approprier un espace par le biais d'un maillage politique, par des aménagements et par les activités qu'elle y pratique. Il y a donc deux versants à l'appropriation : 1) Rendre propre à soi, se réserver une portion de l'espace ; 2) Rendre propre à quelque chose, aménager cet espace en fonction des besoins de la société concernée.

---

[11] « *Agencement de ressources matérielles et symboliques capable de structurer les conditions pratiques de l'existence d'un collectif social et d'informer en retour ce collectif sur sa propre identité* ».

Dans le premier sens donné à l'appropriation, le territoire est toujours le résultat d'un rapport de force (souvent défavorable dans le cas des minorités) ou de rapports négociés avec les sociétés voisines. Ces rapports sont mouvants. Il n'y a donc rien d'éternel ou d'absolu dans un territoire ; les limites en sont souvent floues, éphémères et mobiles.

Comme support de l'identité, « *c'est à la faveur de la très forte charge symbolique dont il est souvent porteur qu'il acquiert une valeur emblématique pour le groupe dont il est le territoire* » (Debarbieux in Lévy et Lussault, 2003, p. 912). En ce sens, « *il frôle l'irrationnel, il est vécu, affectivité, subjectivité* » (Bonnemaison, 1981, p. 261). Pour beaucoup de minorités et en particulier pour les peuples autochtones, le territoire peut « *être le support de la reconnaissance identitaire et de la participation politique* » (Perrier Bruslé, 2017). On comprend dès lors les enjeux très forts liés aux territoires pour les minorités. À travers leur ancrage à un territoire se joue au sein des États dans lesquels elles vivent aujourd'hui « *la possibilité d'une reconnaissance pleine et entière de leur existence, de leurs différences culturelles et de leur citoyenneté* » (Collignon et Hirt, 2017).

Au cœur du rapport de domination exercée par une majorité sur une minorité, peuvent se lire les représentations que se sont construites les membres de cette majorité sur les populations de la minorité et sur le territoire qu'elles occupent. Préciser ces représentations et ce que l'on entend par représentation est donc essentiel pour mieux comprendre les ressorts de la domination.

• Représentations

À chaque lieu sont attachées des représentations. « *Les représentations sociales correspondent à des formes de connaissances ordinaires solidement élaborées et partagées (...) et participent en outre à la construction d'une vision commune à tous les membres d'un collectif* » (Debarbieux in Lévy et Lussault, 2003, p.791). Comme toute construction sociale, les représentations sont un acte créatif. Elles sont imprégnées de la culture propre à cette société, en lien avec son système socioéconomique et sous l'influence des idéologies qui la traversent (Di Méo, 1998). Elles marquent une distance entre la chose représentée et sa représentation.

Ainsi, les territoires sont l'objet de représentations de la part de populations qui sont voisines. Celles-ci ont des effets sur la manière dont s'exercent les rapports de force (ou les rapports négociés) qui existent entre populations concernant les enjeux territoriaux.

Depuis les écrits d'Edward Saïd qui, en 1978, a analysé le système de représentation dans lequel l'Occident a enfermé l'Orient - et même, l'a créé - on sait que les populations en confrontation sont aussi l'objet de représentations qui impactent la manière dont elles sont en relation. Les travaux réalisés autour du concept d'ethnie comme ceux de Jean Louis Amselle (1990) et de Stuart Hall (1997) ont montré comment les représentations des administrateurs coloniaux ou même des ethnologues ont produit et figé l'image des populations qualifiées d'indigènes, d'ethnies, de tribus, voire de sauvages. Ces représentations ont pour longtemps marqué les relations entre ces populations colonisées et le colonisateur. L'effet s'en est même prolongé parfois après la décolonisation. C'est, de la sorte, un écart, une distance qui ont été créés justifiant les formes de domination mises en œuvre. Cette mise à distance existe aussi pour bien des minorités hors du contexte colonial.

- Distance

Pendant longtemps, en géographie la conception euclidienne du terme a dominé, la distance étant définie de manière topologique. À la suite d'Armand Frémont (1976), la distance standard a été distinguée d'une part de la distance structurale, celle des relations économiques et sociales et d'autre part de la distance affective qui intègre le rapport sensible à l'itinéraire (Bailly et al., 1992). Plus récemment, le concept est encore élargi accompagnant le développement de la géographie sociale. La distance devient alors « *l'attribut de relation entre deux réalités ou plusieurs caractérisant leur degré de séparation (écart) par différence avec l'état de contact* » (Lévy et Lussault, 2003, p. 267). Définie ainsi toute distance est sociale. Les distances immatérielles, symboliques et imaginaires comptent tout autant que les distances matérielles. Dans la réflexion menée sur les minorités, la distance est ce qui réduit l'interaction de ce groupe social avec le reste de la société. Dans le cas théorique de l'enclavement total d'une minorité, la distance est infinie. Dans la réalité, la distance entre une minorité et le reste de la société est gérée de façon variée suivant les situations. La mise à l'écart des minorités combine de manières diverses les mises à distances symboliques et immatérielles et les barrières matérielles à la communication.

Plan

C'est donc avec l'appui de ces outils théoriques que, dans cet ouvrage, je questionne le processus qui, au Bangladesh, a mis les Jummas en situation de minorité. Cette réflexion est construite en deux temps : le premier dresse le constat de la situation des Jummas aujourd'hui au cœur du territoire où ils vivent, le second analyse les processus qui au cours de leur histoire ont produit leur marginalisation.

- Dans la première partie, j'analyse les différences entre les Jummas et la majorité bengalie. Je décris la situation de marginalisation qu'ils connaissent. Je m'interroge sur les raisons de cette mise à distance. Pour cela, je questionne la part de la position géographique frontalière des Hill Tracts sur leur mise à l'écart. J'évalue le rôle des différences culturelles, puisque les Jummas ne sont ni musulmans, ni de langue bengalie comme la majorité des habitants du Bangladesh. J'analyse ensuite les liens que l'on peut établir entre leur pauvreté et cette mise à l'écart. Pour terminer, je me penche sur les raisons qui les conduisent à se considérer, non seulement comme une minorité mais plus précisément comme peuples autochtones.

- Dans la deuxième partie, je m'interroge sur la manière dont les Jummas ont été « infériorisés » depuis la colonisation anglaise jusqu'à 1997. Il s'agit de préciser comment ont agi les États qui se sont succédé depuis le XIXe siècle pour mettre à l'écart les Jummas et comment les représentations spatiales des autorités successives ont abouti à des choix provoquant leur marginalisation. En retour, j'analyse aussi la manière dont les

« Peuples des collines[12] » ont réagi. Dans un rapport de force qui leur est très défavorable, les formes de résistance sporadiques prennent de l'ampleur, en particulier pendant la guerre qui, de 1977 à 1997, ensanglante les Hill Tracts et les oppose à l'armée du Bangladesh.

- Dans la dernière partie, je questionne l'accord de paix signé en 1997 en montrant comment et pourquoi il ne met pas fin à la situation de domination de la minorité jumma mais en change les modalités.

Les sources utilisées

Pour construire cette réflexion, j'ai essentiellement utilisé les ressources bibliographiques disponibles. J'y reviendrai plus loin. Mais ce travail a été éclairé et mis en perspective par les nombreux entretiens que j'ai pu avoir avec les Jummas de France qui m'ont aidé à comprendre ce qu'ils avaient vécu, pendant la guerre (1977-1997) dans les Hill Tracts et ce qu'y vivaient encore leurs familles. Les contacts depuis 2012 avec des activistes jummas m'ont également beaucoup aidé à comprendre la littérature consultée et à répondre aux questions que je me posais. J'ai ainsi accompagné avec l'association *La voix des Jummas*, en 2012, le raja des Chakmas, Devasish Roy[13], lors de sa tournée en France et auprès des instances européennes à Bruxelles. En 2013, j'ai rencontré Nirupa Dewan, une militante des droits de l'homme jumma qui souhaitait attirer l'attention en France sur la condition des femmes dans les Hill Tracts. J'ai assisté à des ateliers de travail organisés par l'association *La voix des Jummas* en présence de militants politiques ou associatifs venus des Hill Tracts (Mrinal Kanti Tripura[14], Mong Shanoo Chowdhury, Bablu Chakma). En 2017, j'ai eu aussi l'occasion d'écouter à nouveau Devasish Roy et Pallab Chakma (responsable de l'association *Kapaeeng*, principale organisation au Bangladesh de défense des droits des peuples

---

[12] Dans cette partie historique, j'utilise le terme Peuples des collines pour désigner les Jummas. Cette appellation de Jummas (voir p.143) est une construction récente forgée dans la guerre menée à partir de 1977 contre l'armée du Bangladesh et je réserve donc l'usage de ce terme pour cette période et pour la période actuelle.
13 Voir encadré 3, p. 68.
14 Il représentait les peuples autochtones, lors de la conférence de Séoul en mars 2013 sur la sécurité climatique dans la région Asie.

autochtones) venus présenter l'évolution de la situation dans les Hill Tracts ces dernières années.

En novembre 2009, j'ai eu l'occasion avec mon épouse de vivre trois semaines dans les Chittagong Hill Tracts au sein de la famille de ma belle-fille. Ce voyage n'était pas facile car la région est étroitement surveillée, la tension y est palpable et nos hôtes craignaient beaucoup pour notre sécurité. Ce voyage m'a permis, au retour, des échanges plus fructueux encore avec nos amis jummas car nous y avions désormais des repères concernant la vie dans les Hill Tracts. Cela aussi m'a permis de mieux contextualiser et comprendre les écrits consultés sur le Bangladesh, les Jummas et la région des Hill Tracts.

Pour dresser le constat de la situation des Jummas aujourd'hui, j'ai d'abord cherché les rares ouvrages en langue française. Peu de géographes français ont écrit sur le Bangladesh. On trouve deux synthèses de Brigitte Silberstein (1995, 2002) dans le tome de la *Géographie Universelle* intitulé *Afrique du Nord, Moyen-Orient, Monde indien* (Durand-Dastès et Mutin, 1995) et dans *Asies nouvelles* (Foucher et Bruneau, 2002). Dans le premier ouvrage, quelques paragraphes sont consacrés aux Hill Tracts (p. 426-427). Il n'en est pas fait mention dans le second. La rubrique Bangladesh de l'*Encyclopédie Universalis*, rédigée par A. Baillat (2013), utile synthèse pour comprendre cet État, ne parle pas des Hill Tracts. Des articles, concernant le Bangladesh, existent mais ils sont souvent centrés sur les catastrophes naturelles (Ahmad, 2006 ; Poncelet, 2010 ; Viot et Ennaïmi, 2008) et n'évoquent pas la situation des Hill Tracts.

Mon propos s'appuie donc ici sur des ouvrages écrits en anglais, en général au Bangladesh. Le géographe Hamid Er Rashid (1991) a écrit une *Geography of Bangladesh* très analytique, précise mais peu utilisable pour décrire la situation des populations. Je me suis davantage servi de l'ouvrage de l'économiste David Lewis, *Bangladesh : politics, economics, and civil society,* (2011). Je me suis également largement appuyé sur un rapport intitulé *Socio-economic baseline survey of Chittagong Hill Tracts*, effectué sous l'égide de l'ONU (Barkat et al., 2009) qui dresse un portrait économique et social assez précis des Hill Tracts. En dernier lieu, j'ai eu accès aux données du recensement de 2011 en consultant le site du Bangladesh Bureau of Statistics (BBS)[15].

Pour la fabrique de la minorité jumma, je me suis appuyé sur deux ouvrages collectifs. Le premier *The Chittagong Hill Tracts : life and nature at risk* (Roy et Gain, 2000) a été édité par Philip Gain, militant bangladais des droits de l'homme, spécialiste de la protection des forêts. Il a fait appel, entre autres, à la collaboration de Devasish Roy, raja des Chakmas, juriste[16], d'Amena Mohsin et de Meghna Guhakurta, l'une et l'autre professeure au *Département de relations internationales* de l'Université de Dacca. Le second ouvrage *The Chittagong Hill Tracts: living in a borderland* (Van Schendel et al., 2001) est coécrit par Willem Van Schendel, professeur d'histoire contemporaine de l'Asie à l'Université d'Amsterdam, par Wolfgang Mey, anthropologue allemand qui a travaillé sur les systèmes politiques des Hill Tracts et par Aditya Kumar Dewan, anthropologue, originaire des Hill Tracts et dont le travail de thèse porte sur les rapports entre classe et ethnicité dans cette région. Je me suis aussi largement appuyé sur les analyses politiques d'Amena Mohsin, déjà présentée (Mohsin, 1997, 2003). Elle a beaucoup écrit sur la question du nationalisme, de l'ethnicité et sur la situation des minorités au Bangladesh. J'ai aussi beaucoup appris des travaux de chercheurs (agronomes, historiens, écologues, anthropologues bangladais) travaillant spécifiquement sur les Hill Tracts (Adnan, 2004 ; Shapan Adnan et Dastidar, 2011 ; Ahammad et Stacey, 2016 ; Ahmed, 2017 ; Khaleque et Gain, 1995). J'ai fait aussi appel aux travaux effectués sur le terrain par des anthropologues français (Bernot, 1967, 1972 ; Bernot et Bernot, 1958 ; Bessaignet, 1960 ; Lévi-Strauss, 1952), allemand et suisse (Brauns et Löffler, 1990). J'ai emprunté ensuite quelques informations au DEA d'anthropologie d'Édouard Marchal (2002)[17]. Pour terminer, j'ai eu recours à l'ouvrage récent de Tamina Chowdhury (2017) qui a eu accès à des sources jusque-là inexploitées et renouvèle en partie l'approche de la question de la domination exercée sur les Peuples des collines pour la période qui précède la naissance du Bangladesh. Par ailleurs, lorsqu'il me fallait inclure

---

[15] http://www.bbs.gov.bd/.
[16] J'évoque son rôle dans la mise en place de la Déclaration des peuples autochtones de 2007 (cf. p. 68).
[17] écrit sous la direction de François Robinne.

l'histoire des Jummas dans celle du Pakistan puis du Bangladesh, j'ai fait souvent appel aux nombreux écrits de Willem Van Schendel (1992, 2001 ; Van Schendel et Zürcher, 2001 ; Van Schendel, 2015, 2016).

Implication et distance

Avec l'appui de ces recherches, je tente donc de déchiffrer les processus qui ont fait des Jummas du Bangladesh une minorité en marge. On comprend que mon implication dans cette communauté en France fait que ma position de chercheur n'est pas celle d'un observateur neutre. Le chercheur engagé peut-il produire un savoir valide ?

La question n'est pas nouvelle. Le sociologue Michael Burawoy dans un texte publié en 2003[18] et traduit en français (in Cefaï, 2010) oppose les explications réalistes et réflexives en ethnologie. Les explications réalistes, perçues longtemps comme « objectives » considèrent que nos observations sont le reflet des propriétés du monde étudié. À l'opposé une approche réflexive « *suppose un monde réel "extérieur à nous" mais que nous ne pouvons appréhender qu'au travers de rapports construits que nous entretenons avec lui* » (ibid., p.312). À titre d'illustration, les ethnologues (Bouillon et al., 2006) ont réalisé que le regard de l'ethnologie traditionnelle, en période coloniale, se penchant de manière surplombante sur des sociétés considérées comme primitives, était loin d'être objectif et se trouvait imprégné de manière plus ou moins consciente par toute l'idéologie coloniale. Ils ont alors compris que, comme le dit Hervé Vieillard-Baron (2006, p. 134), « *le terrain n'existe pas sans l'individu qui l'observe. Il dépend de celui qui l'appréhende, de sa culture de son histoire, de son éducation* ». Ainsi, il n'y pas d'objectivité possible, ni de savoir sur la société qui soit indépendant des conditions historiques de sa production.

Pour Yann Calbérac (2011) qui a fait sa thèse sur le terrain en géographie, celui-ci est aussi une construction du chercheur. C'est :

---

[18] Revisits : A turn to Reflexive Anthropology, *American Sociological Review*, 68, 2003, p 645-679.

> « *ce qui fait tenir ensemble : c'est l'instance qui permet de donner de la cohérence et une finalité à un assemblage composite de données, de médiations, de lectures, d'observations diverses et de concepts forgés. Le terrain permet de réunir ces éléments irréductibles les uns par rapport aux autres et de les placer sur le même plan.* » *(p. 5)*

Cette définition de Yann Calderac s'applique au terrain comme matériau de recherche mais n'exclut pas qu'il existe une pratique de la géographie « de terrain » qui la distingue des démarches de la géographie quantitative par exemple. Le terrain que j'ai pratiqué « *est un construit empreint de relations affectives* » pour reprendre l'expression de Virginie Baby-Collin (2014, vol. 1, p. 56).

La lucidité du chercheur suppose donc une prise de conscience de sa subjectivité de chercheur et la rigueur d'en faire état. Consciemment ou non, mon implication dans cette histoire a orienté mon regard et mes questionnements. Il y a cependant un monde réel jumma que j'étudie et pour reprendre à nouveau une citation de Michael Burawoy : « *il n'y a pas d'échappatoire à ce dilemme : les approches constructiviste et réaliste se corrigent l'une l'autre* » (Cefaï, 2010, p. 312). C'est dans cette tension que se construit un savoir valide.

Comment aussi, lorsque le terrain est empreint de relations affectives, avoir la distanciation requise à tout travail de recherche ? Cela conduit à faire alterner des moments d'implication et des moments de recul. Comme le dit Michel Agier (2006, p. 181),

> « *on peut perdre son objet en s'y perdant dedans, c'est-à-dire dans l'identification avec le tout ou les parties de son terrain. L'existence même de la recherche dépend donc de la possibilité d'un dégagement consécutif ou alternatif à l'engagement sur le terrain* ».

Ainsi mon implication au cœur de la communauté a été un atout de premier ordre dans cette recherche. Cependant, après « *l'immersion* », il fallait « *une prise de distance nécessaire à l'objectivation* » (Agier, 2006, p.175). C'est dans cette tension entre implication et distance que j'ai donc construit la réflexion qui va suivre.

Première partie : Les Jummas aux marges du Bangladesh

Les Jummas sont une minorité qui vit dans les Chittagong Hill Tracts au Bangladesh. Cette situation minoritaire, je le montrerai dans le chapitre suivant, a été construite au cours de deux siècles de domination continue. Il y a, certes, de fortes différences entre les Jummas et la population majoritaire de ce pays. Ces différences ont été instituées, par les pouvoirs successifs, comme des infériorités.

Les Jummas vivent dans une région atypique du Bangladesh. Les Chittagong Hill Tracts sont situés en bordure orientale de cet État. C'est la seule région de collines d'un pays dont la majeure partie est constituée d'une plaine deltaïque. De plus, cette région est nettement moins densément peuplée, ce qui accentue le contraste. Malgré tout, un million six-cent-mille habitants y vivent dont une part sont encore des Jummas. Y sont-ils encore majoritaires ? La question est essentielle pour eux. Mais, quelle qu'en soit la réponse, les Jummas, par leur nombre pèsent de peu de poids dans cet État de cent cinquante millions d'habitants.

Les différences sont aussi culturelles et sociales. Les Jummas parlent des langues, ont des traditions et pratiquent des religions qui les distinguent des Bengalis musulmans, majoritaires au Bangladesh. Ils sont aussi en marge par leur niveau de vie plus faible et diffèrent par leur mode de vie.

Comment vivent-ils ces différences ? Peuvent-ils se satisfaire du statut de « minorités ethniques » que leur reconnait le gouvernement du Bangladesh ? Il faut aussi répondre à cette question pour comprendre leur situation au sein de ce pays.

1. Les Chittagong Hill Tracts : une région singulière
a. *Collines boisées*

La région des Chittagong Hill Tracts (carte 1) où vivent les Jummas est une sorte d'appendice, prolongement sud du Bangladesh, en frontière du Myanmar et de l'Inde (État du Tripura à l'Ouest et du Mizoram à l'est). Elle ne constitue qu'un dixième du Bangladesh (13 295 km² sur 144 000 km²). Le Bangladesh est, pour l'essentiel, constitué des terres basses des deux deltas accolés du Gange et du Brahmapoutre (Silberstein, 2002). Étendues plates à l'infini, cloisonnées par les bras multiples des fleuves et de leurs affluents (Baillat, 2013 ; Silberstein, 1995), les paysages de la majeure partie du pays contrastent vigoureusement avec ceux des collines et montagnes des Hill Tracts (carte 1). Celles-ci sont allongées en rides, orientées nord-nord-ouest/sud-sud-est qui s'élèvent au fur et à mesure que l'on va vers l'Est (1 280 m au Tahjindong). Entre ces rides, des plaines en couloir, larges à l'ouest et de plus en plus étroites vers l'est. Les contraintes liées au relief (pentes fortes, difficultés de circulation, altitude) s'accentuent donc du nord-ouest au sud-est.

C'est aussi la région qui comporte 43 % des richesses forestières du Bangladesh : 86 000 ha sur les 483 000 ha de forêt dépendant du *Bangladesh Forest Department* sont des plantations, en particulier de Teck (*Tectonia Grandis*) (Ahammad et Stacey, 2016). On comprend que cette ressource soit convoitée.

Enfin, de nombreux auteurs ont souligné la beauté des paysages où l'alternance de collines boisées et de plaines cultivées produit de beaux effets de lumière et d'ombres (Hutchinson, 1909 ; Rashid, 1991). Les lambeaux de brume, qui par moments estompent les paysages de ces régions, au climat très humide, ajoutent encore toute une gamme de nuances aux couleurs et aux lumières du paysage. Ce n'est pas un hasard si le gouvernement du Bangladesh tente aujourd'hui de développer dans cette région des infrastructures touristiques (*éco-parks*, route des crêtes au Sud). La région de Sajek, par exemple, est baptisée « Suisse du Bangladesh » par les dépliants touristiques qui la concernent (Ahmed, 2017).

Carte 1 : Les Chittagong Hill Tracts au sein du Bangladesh

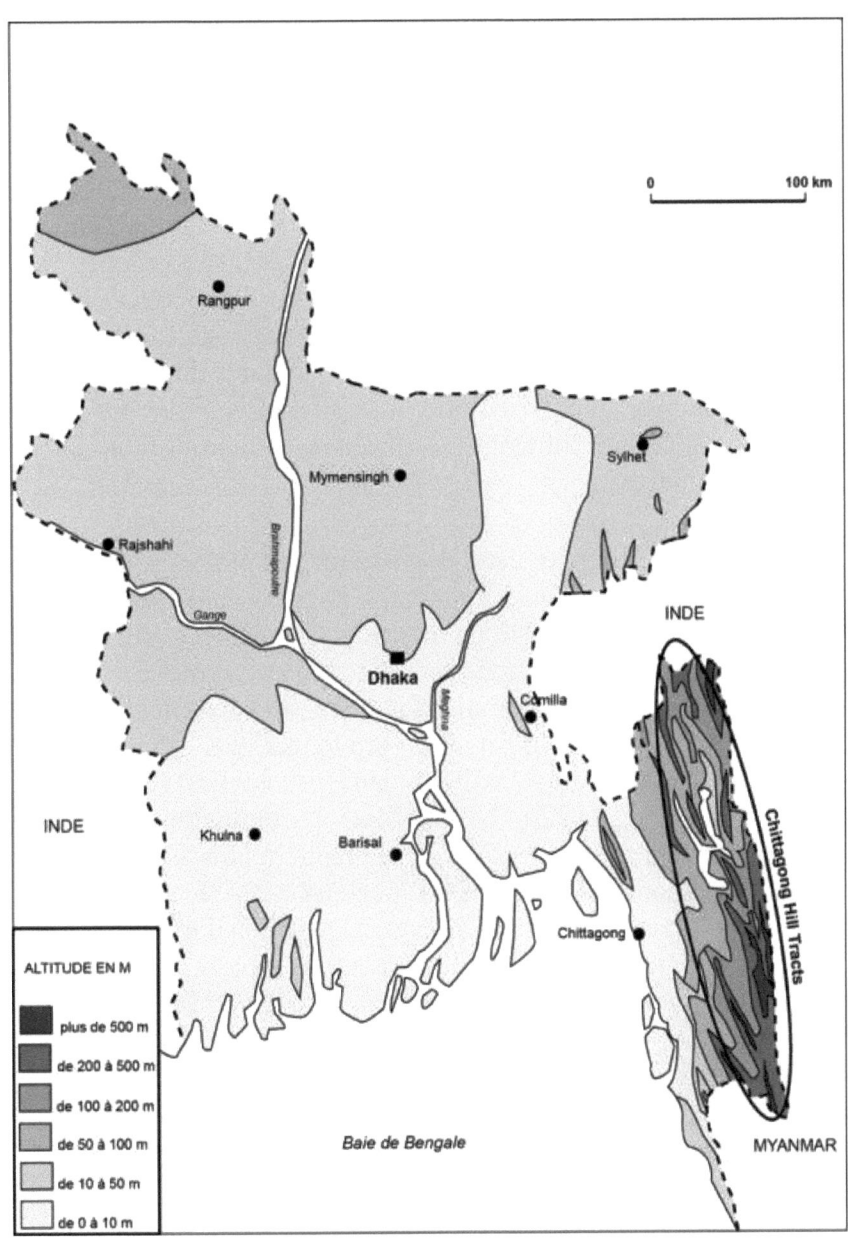

Source : Topographic map of Bangladesh, Wikimedia commons.
Réalisation : Paul Nicolas – élaboration personnelle – 2016.

b. *Région sous-peuplée où se pratique le jum ?*

C'est souvent ainsi que sont présentés les Hill Tracts. On verra plus loin tout l'usage qui a pu être fait de ces stéréotypes qu'il convient d'interroger. Certes, les Hill Tracts s'opposent à la majeure partie du Bangladesh par une occupation humaine moins dense (carte 2). Pour l'ensemble de cet État, la densité de population est de 1145 hab/km². Elle est dix fois moindre dans les Hill Tracts (128 hab/km^2). Ce contraste entre un delta très peuplé et des collines proches moins occupées est un schéma classique en Asie du Sud (Bruneau, 2006 ; Gourou, 1953). Il est souvent accentué par des modes de mise en valeur différents. C'est bien ici le cas. Les habitants du delta exercent, depuis longtemps, une riziculture intensive. Ceux des Hill Tracts pratiquaient la culture itinérante sur brulis appelé jum (photo 2), d'où leur nom de Jummas.

Nuançons, pour le présent, cette opposition. Les plaines plus larges du nord-ouest autorisent depuis longtemps la riziculture (photo 3 & 4). En revanche, dans les régions les plus accidentées, les habitants pratiquent encore le jum. Cette façon de cultiver permet de limiter les risques d'érosion. Les précipitations abondantes en particulier pendant la mousson d'été peuvent en effet provoquer des ravages sur ces collines aux pentes fortes, taillées dans des roches schisteuses ou gréseuses friables (Rashid, 1991). Mais l'arboriculture fruitière se développe dans la région qui devient la première pour la production de fruits au Bangladesh. Les vergers occupent 28 % des terres. Les techniques d'agroforesterie se propagent (Ahammad et Stacey, 2016). Aussi, la pratique du jum recule partout. L'espace disponible pour cette pratique extensive s'est fortement réduit, en raison de la forte croissance de la population dans les Hill Tracts (en particulier avec l'arrivée massive de colons bengalis, cf. deuxième partie). On peut donc considérer le jum comme une pratique résiduelle en voie de disparition. Selon Ronju Ahammad et Natacha Ellen Stacey (2016), cette pratique n'affecte plus que 16 % des terres.

Carte 2 : Les densités de population au Bangladesh

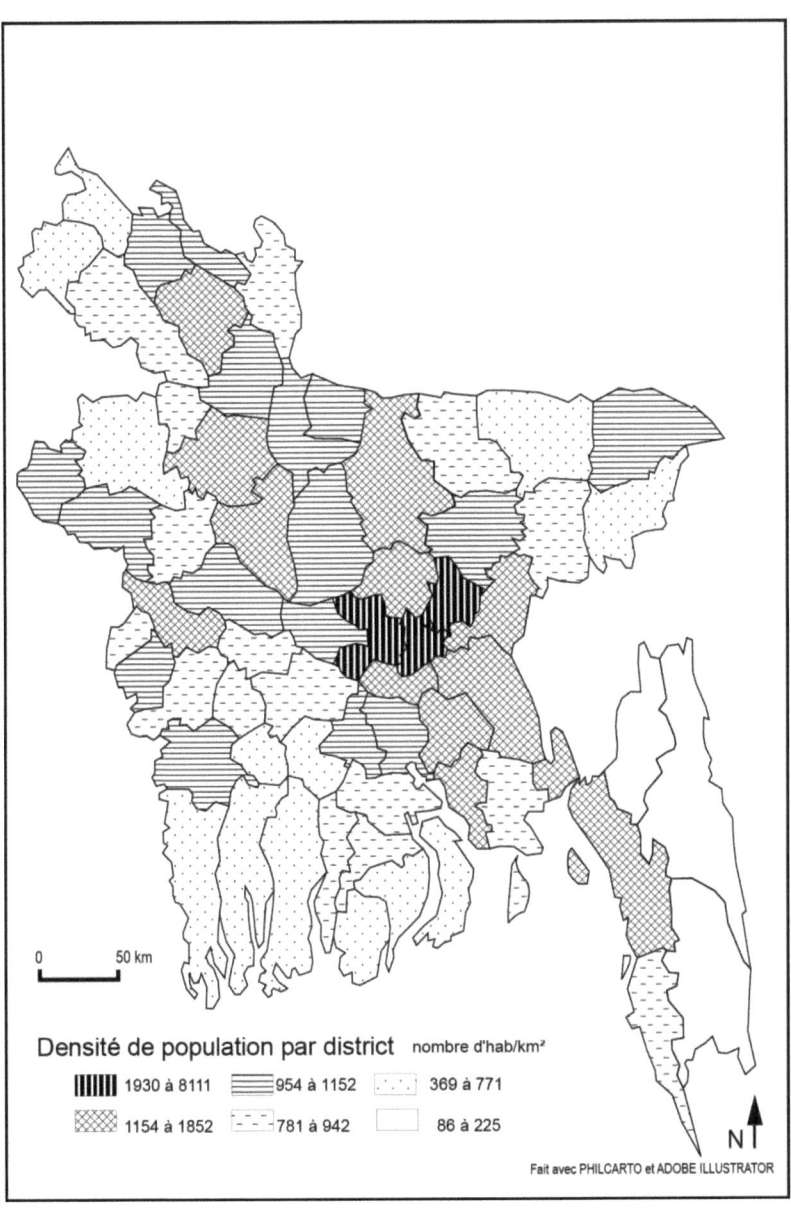

Source : données statistiques du Bangladesh Bureau of Statistics (BBS), 2011. Réalisation : Paul Nicolas – élaboration personnelle - 2015.

La position périphérique de cette région comme son relief en font cependant un espace difficile d'accès.

c. Une région isolée

Depuis la capitale, Dacca, il faut compter plus de sept heures de bus pour se rendre à Rangamati, principale ville des Hill Tracts. La région est donc en marge aussi du cœur de cet État. Cet aspect est renforcé par les difficultés de circulation au sein même des Hill Tracts. Cette situation l'oppose à la région du delta. Là, les réseaux de circulation sont denses, les voies d'eau jouent un rôle majeur (Silberstein, 1995). Les routes goudronnées sont nombreuses même si la circulation est entravée par les fleuves, souvent encore franchis par des bacs. Les réseaux sont beaucoup moins denses dans les Hill Tracts. C'est le lac de barrage de Kaptaï qui articule au centre l'ensemble du réseau (carte 3). Les axes majeurs suivent les vallées principales et l'opposition est nette entre les parties nord et ouest des Hill Tracts, mieux reliées au reste du Bangladesh, et les parties est et sud-est, plus isolées et moins bien pourvues en routes et pistes. Là, des populations vivent dans un grand isolement.

Malgré cela, les Hill Tracts ont, de manière surprenante[19], un taux d'urbanisation supérieur (30,1 %) à la moyenne du Bangladesh (23 %). Les villes peu nombreuses restent cependant modestes. Les trois principales, là où débouchent les axes de communication avec les plaines du Bangladesh, Rangamati, Khagrachhari et Bandarban, ont respectivement 90 000, 70 000 et 45 000 habitants. Elles sont situées aux nœuds principaux des réseaux.

La notion de sous-peuplement, quant à elle, est à manier avec beaucoup de précautions. Dans une région rurale où la terre est encore

---

[19] On est sans doute là dans une situation courante lorsqu'il y a un front de colonisation, les populations colonisatrices ayant besoin de s'appuyer sur une armature urbaine solide pour avancer.

Photo 1 : Pentes escarpées au sud

Photo M.C. Rubin, 2014

La photo est prise dans les collines du sud, dans le District de Bandarban. Les pentes escarpées n'autorisent que des cultures jum comme c'est ici le cas (au premier plan).

Photo 2 : Le jum sur les collines

Photo Jidit Chakma, 2015

Sur les collines, les habitants ont longtemps pratiqué le jum. Ce sont les femmes qui le plus souvent cultivent et transportent les récoltes. Ici du riz. La photo est prise à Pariholamon près de Bilaichari.

Photo 3 : Rizières dans les vallées

Photo G. Guilloton, 2012

La photo est prise dans la région de Dighinala. Des rizières très soignées occupent les fonds de vallée.

Photo 4 : Maisons sur les buttes

Photo E. Nicolas, 2009

La photo est prise dans la région de Dighinala. Pour réserver la place aux rizières, les maisons sont souvent bâties sur les versants.

Carte 3 : Les Hill Tracts, divisions administratives et réseau de transports

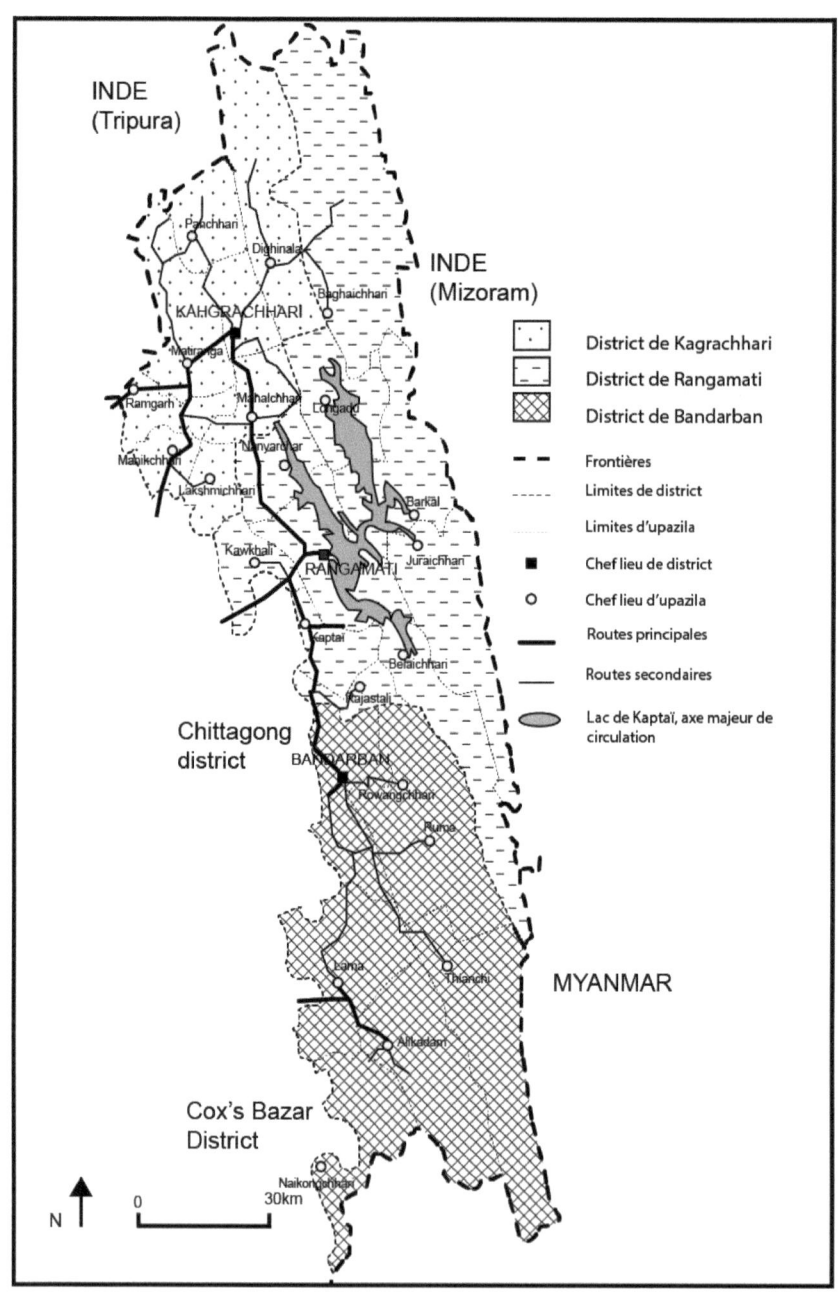

Réalisation : Paul Nicolas – élaboration personnelle – 2015.

ce qui permet à la plupart de vivre, densités de population[20] doivent être rapportées à l'espace cultivable, ici considérablement réduit, compte tenu du relief tourmenté. Seulement 3,2 % des terres sont utilisables à des fins agricoles, tandis que 15 % sont utilisables pour des plantations forestières ou des vergers.

Pour beaucoup d'auteurs (Adnan, 2004 ; S. Adnan et Dastidar, 2011 ; Guhahākuratā, 2010 ; Mohsin, 2000), le sous-peuplement des Hill Tracts relève du mythe. Les glissements de terrain dramatiques du 12-13 juin 2017 qui ont affecté la région de Rangamati et de Bandarban et ont provoqué la mort de plus de 150 personnes seraient plutôt la manifestation du surpeuplement de cette région fragile. La plupart des experts considèrent que cette catastrophe n'est en rien une surprise. Dans cette région, faite de collines abruptes taillées dans des roches tendres, soumises naturellement à des pluies de mousson violentes[21], il était absolument nécessaire de ne pas dégrader le couvert forestier comme le souligne le spécialiste bangladais de l'environnement Philip Gain. Depuis de longues années, l'agronome Shapan Adnan alerte sur les graves conséquences du surpeuplement de cette région qui conduit à une intensification de l'agriculture et s'accompagne du développement des plantations commerciales provoquant une déforestation excessive[22].

Ainsi, cette région de collines, en périphérie du Bangladesh pourtant d'accès difficile, est loin d'être sous-peuplée. Mais désormais, les Jummas n'y sont plus les seuls habitants de la région comme ce fut le cas au XIXe siècle. Quelle est leur part aujourd'hui au sein de la population des Chittagong Hill Tracts ?

---

[20] Même si le chiffre de 128 habitants au km² parait faible au regard de celui de l'ensemble du Bangladesh, il est supérieur au chiffre de la France (118 habitants au km² en 2015 selon l'INSEE).
[21] Il est tombé 650 millimètres entre le 9 et le 13 juin.
[22] Propos de Philip Gain et de Shapan Adnan recueillis par le quotidien bangladais Delhi Star du 13 juin 2017 : http://www.thedailystar.net:8080/frontpage/it-was-written-the-wall-1420297, consulté le 13/ 06/ 2017.

2. La part des Jummas ?

a. *Le recensement de 2011*

La question de la part des populations ethniques (voir encadré 1 p. 39) dans cette région est sensible. Des activistes jummas considèrent que le dernier recensement, celui de 2011, travestit la vérité et sous-estime la part des populations bengalies[23]. À l'opposé, certaines populations ethniques du Bangladesh considèrent que le recensement sous-estime leur nombre. Selon elles, les autorités politiques auraient la volonté de les minorer pour réduire la portée de leurs revendications[24].

Sur un plan strictement technique, il faut souligner que le Bangladesh connait une longue pratique des recensements, le premier d'entre eux datant de 1872, ce qui est exceptionnel en Asie. Ils sont effectués tous les dix ans et la série est complète jusqu'en 2011. Ces quarante dernières années, cependant, les recensements ont été effectués dans des conditions difficiles (1971, guerre d'indépendance du Bangladesh, 1981 et 1991, guerre dans les Hill Tracts, 2001, retour des réfugiés jummas). Celui de 2011 s'est déroulé dans des conditions techniques plus apaisées. Je m'appuie donc pour l'instant, sans en faire la critique « politique », sur les statistiques officielles qui donnent un ordre d'idée.

b. *Encore majoritaire ?*

Le recensement de 2011 (tableau n°1) comptabilisait environ 1 600 000 habitants dans les trois districts des Chittagong Hill Tracts. Il comportait une rubrique appartenance ethnique[25] qui était renseignée sur déclaration des recensés. Sur ce total, le recensement compte 850 000 personnes relevant de la rubrique « populations ethniques ».

---

[23] Ainsi l'universitaire Mong Sanoo Chowdhury, lors d'une conférence prononcée lors d'un atelier de travail de l'association la *Voix des Jummas* à Lyon en juillet 2014.
[24] Article publié dans le quotidien *New Age* du 17 juillet 2012 : *Census findings on ethnic, disabled population rejected*.
[25] Les formulaires comportaient la rubrique 11a : "Is it a household of ethnic population ? Yes ? No ?". 11b : "If yes, write the code of ethnic community". Vingt-cinq ethnies étaient proposées. Certaines ont protesté de leur absence dans ce décompte.

Bien sûr, la prudence s'impose dans l'analyse de ces chiffres. Il est d'abord difficile de définir ce qu'est une population « ethnique ». J'aurai plus loin l'occasion d'approfondir ce point. Ensuite, je souligne combien il est difficile de compter en cinq jours[26] une population de 150 millions d'habitants. Les recenseurs ont dénombré plus précisément 144 043 697 habitants. Les autorités en charge du recensement ont réalisé des vérifications ultérieures par sondage. Cette opération a évalué à 4 % la sous-estimation des chiffres du recensement. Après ajustement, le chiffre officiel publié fut de 149 772 364 habitants.

Tableau 1 : Population des 3 districts des Chittagong Hill Tracts dans le recensement de 2011

District	Population totale	Population « ethnique »	% de la population totale
Khagrachhari	613 917	316 987	51,6 %
Rangamati	595 979	356 153	59,8 %
Bandarban	388 335	172 401	44,4 %
Total	1 598 231	845 541	52,9 %

Source: Bangladesh Bureau of Statistics, 2011

Il est donc légitime d'appliquer aux « populations ethniques » des trois districts le même ajustement. Le calcul donne alors un effectif de 879 362. Nous devons cependant soustraire à ce chiffre les non Jummas (Santal, Gurkha, Nahamias…) comptés au sein des « populations ethniques »[27].

Cela dit, le recensement montre que les Jummas sont encore aujourd'hui très légèrement majoritaires dans les Hill Tracts. Le tableau 2 permet de montrer comment la part des Jummas a évolué depuis un demi-siècle et de prendre conscience de la part croissante de la population bengalie dans la région.

---

[26] Recensement effectué entre le 15 et le 19 mars 2011.
[27] Si j'ajoute les Jummas qui vivent ailleurs au Bangladesh, en particulier à Chittagong et à Dacca, et qui ne sont pas comptabilisés dans le recensement, le nombre des Jummas pourrait être compris entre 900 000 et 1 million au Bangladesh.

Tableau 2 : Évolution démographique des Hill Tracts de 1951 à 2001

Année	Jumma		Bengali		Total	
	Population	%	Population	%		
1951	269 177	93,7	18 070	6,3	287 247	Census 1951
1961	339 757	88,2	45 322	11,8	385 679	Census 1961
1974	392 199	77,2	116 000	22,8	508 199	Census 1971
1981	441 744	58,8	313 188	41,5	754 962	*PCJSS* statistics
1991	501 144	51,4	473 301	48,6	974 445	Census 1991
2001	736 682	54,9	606 058	45,1	1 342 740	Census 2001

Sources : Mong Sanoo Chowdhury et al., 2014 p. 12.

Carte 4 : Pourcentage de population ethnique par upazila[28] dans les Chittagong Hill Tracts

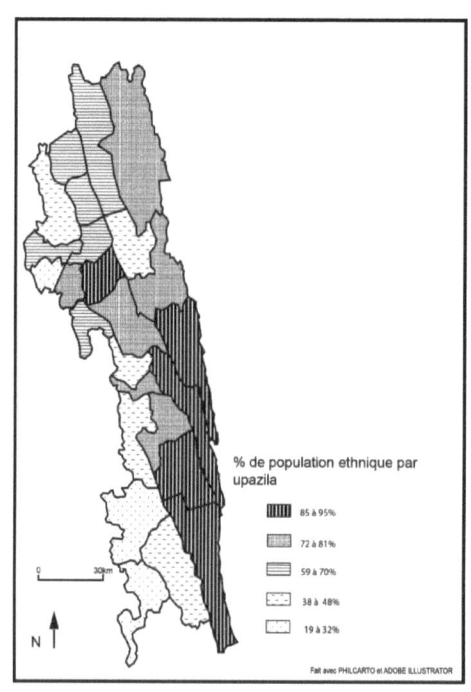

*Carte réalisée à partir des données du Bangladesh Bureau of Statistics, 2011.
Réalisation : Paul Nicolas – élaboration personnelle, 2015.*

---

[28] Les upazilas sont des sous-unités administratives des districts (ou zilas) correspondant en termes de dimension aux cantons français.

c. Onze ethnies

Les Accords de 1997[29], de manière implicite, officialisent l'existence de onze ethnies parmi les Jummas (Chakma, Marma, Tripura, Tanchangya, Murung, Chak, Lusai, Khumi, Khyang, Bawm et Pankho)[30].

L'Accord utilise le terme « *tribe* » [31] dont la traduction française est aussi bien tribu qu'ethnie. Traduire par ethnie me parait plus juste puisque le terme tribu est réservé à des groupes peu nombreux qui n'ont pas de statut politique officiel (Barret et Charvet, 2000). Le premier à répertorier les ethnies dans les Hill Tracts fut un administrateur britannique, le capitaine Thomas Herbart Lewin (1869). Il le fait dans la perspective essentialiste de l'époque considérant l'ethnie comme une réalité objective, un groupe social permanent que l'on peut caractériser par ses traits physiques, ses mœurs et ses coutumes.

Encadré 1 : Le concept d'ethnie

Le terme d'ethnie a été longtemps utilisé pour définir un groupe humain plus grand que ne le sont les familles élargies (voire les clans), mais plus petit que les nations et possédant un héritage socioculturel commun (en particulier la langue). Mais souvent réservé à des sociétés non européennes, son usage, défini ainsi, est désormais soumis à une

---

[29] Accords entre le gouvernement du Bangladesh et la rébellion jumma (voir chap. 2) qui mettent fin à la guerre.
[30] L'article C.3 de l'accord répartit ainsi les 12 membres tribaux du Conseil Régional des Chittagong Hill Tracts : 5 personnes de l'ethnie Chakma, 3 de la l'ethnie Marma, 2 de de la tribu Tripura, 1 soit de la tribu Tanchangya soit de l'ethnie Murung, 1 personne parmi les ethnies Lusai, Bawm Pankho, Khumi, Chak et Khiang. Le chiffre du nombre des ethnies appartenant aux Jummas varie selon les sources. S'ajoutent aussi des ethnies non Jummas (les Santals, les Gurkhas, et les Ahamias) en petit nombre dans les Chittagong Hill Tracts et présentes en plus grand nombre ailleurs au Bangladesh.
[31] L'accord utilise aussi le terme Upajati qui signifie littéralement « sous-nation ». Beaucoup d'auteurs usent du terme de Paharis qui signifie « peuple des collines ». Les documents officiels bangladais utilisent Nri-goshthi qui signifie « peuple anthropologique » ou adibashi pour les peuples indigènes du Bangladesh en général (Ahmed, 2017, p. 7-8).

vive critique. Ainsi, il apparait parfois comme la traduction politiquement correcte du mot race et désignerait une sorte de nation au rabais.

J'ai évoqué, en introduction (p. 19), les travaux de Jean Louis Amselle (1990) qui montraient comment les administrateurs coloniaux et les ethnologues avaient, dans la région africaine qu'il étudiait, décrit, délimité et figé des groupes existants, divers par leur langue et leur culture. C'est effectivement, dans cet esprit que Thomas Herbart Lewin (1869) a décrit, dans son ouvrage, les « tribus » de la région qu'il dirigeait.

Pour Jean Louis Amselle, les ethnies en soi n'existent pas, elles sont un construit social. Elles doivent être pensées dans leurs relations au tissu social et politique au sein duquel elles s'insèrent. Elles ne sont pas figées, sont le produit d'une histoire. Il fait de l'ethnie une question d'organisation sociale et non de culture.

À partir des années 1970, les anthropologues européens qui publient sur les Hill Tracts (Bernot, 1974 ; Brauns et Löffler, 1990) cessent de représenter les ethnies jummas comme des isolats humains culturellement figés. Ils montrent comment elles se construisent dans l'interrelation en particulier avec les Bengalis. Les mécanismes d'exclusion renforcent leur ethnicité, ce qui ne les empêche pas d'incorporer des éléments de la culture dominante bengalie. Les groupes ethniques n'existent donc que les uns par rapport aux autres. Ce qui importe, ce sont les frontières et les relations dynamiques qui existent entre les groupes en contact (Barth, 1969), les « nous » et les « ils », pour reprendre le titre d'un article de Lucien Bernot (1974), consacré aux relations interethniques dans les Hill Tracts.

Cependant, même s'il est construit, s'il est en partie assigné de l'extérieur, le sentiment d'appartenance à une ethnie existe bel et bien. Comment se construit l'ethnicité ?

Virginie Baby-Collin (2014) relève deux courants théoriques :

> *Une vision naturaliste et primordialiste, qui renvoie à une définition objectivée comme essentielle de l'ethnicité, répondant à un besoin*

> *psychologique d'une expérience d'affinité partagée avec des membres d'un groupe aux origines communes ; dans cette conception, les groupes ethniques peuvent être des réalités biologiques.*
> *Une vision sociale de l'ethnicité, dominante dans les théories des sciences sociales, selon laquelle l'ethnicité (comme la race) est construite historiquement, culturellement, politiquement variable, flexible » (p. 109).*
>
> C'est plutôt dans cette perspective constructiviste que j'utilise le concept d'ethnicité. Au moment du recensement de 2011, dans les Hill Tracts, l'enquêteur demandait à la personne recensée à quelle ethnie elle appartenait. La réponse qui lui était donnée ne définissait pas, à mes yeux, une réalité biologique, mais traduisait un sentiment d'appartenance, résultat d'une longue construction historique.
>
> Aussi, lorsque je présente des cartes de localisation des ethnies dans les Hill Tracts (5 à 8) à partir des données du recensement, j'offre un instantané flou d'une situation en pleine transformation. Même si les ethnies restent majoritairement endogamiques, les mariages mixtes existent, y compris avec des Bengalis. Les villes, les marchés, les écoles (où l'enseignement se fait en bengali) sont des lieux d'intense brassage des populations. Il y a bien cependant des frontières mouvantes, entre des espaces où les populations se définissent comme Bengalis, Chakmas, Tripuras, etc. C'est de cela que rendent compte les cartes.

Les onze ethnies qui forment les Jummas ont des effectifs très inégaux. Les Chakmas (450 000), les Marmas (200 000) et les Tripuras représentent 90 % de la population tribale des Hill Tracts. Les cartes ci-dessous (5 à 8) montrent leur répartition au sein des trois districts des Chittagong Hill Tracts.

Ainsi, près d'un million de Jummas, pour la plupart Chakmas, Marmas ou Tripuras vivent dans cette région singulière des Chittagong Hill Tracts.

Au-delà de leur diversité, les populations jummas, en raison de la pauvreté de leurs conditions de vie, se sentent en marge du reste des habitants du Bangladesh.

Carte 5 : Part des Chakmas parmi la population de chaque upazila	**Carte 6 : Part des Tripuras parmi la population de chaque upazila**
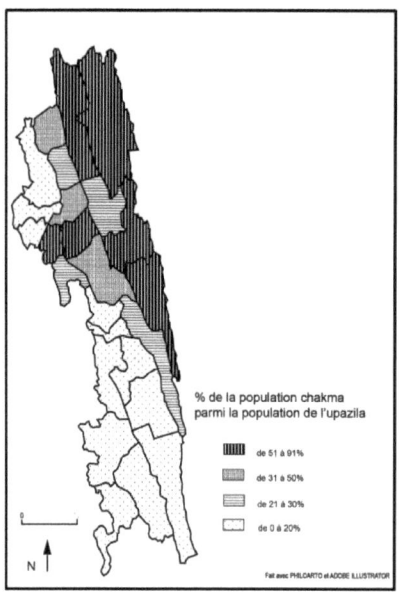	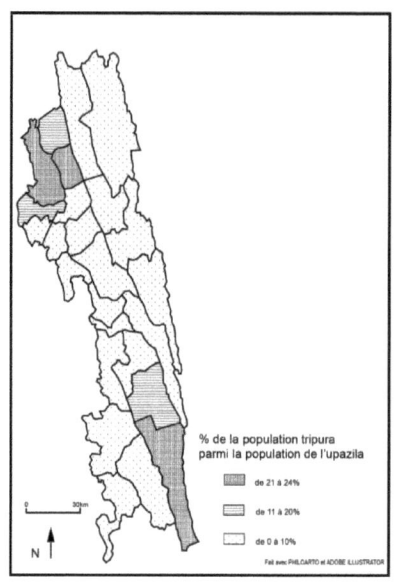
Les Chakmas occupent la partie nord et surtout nord-est des Hill Tracts. Ils constituent plus de la moitié de la population dans six upazilas du nord-est. Les statistiques du recensement montrent qu'ils sont majoritaires au sein des Jummas dans dix upazilas du nord-est.	*Les Tripuras ne représentent jamais plus du quart de la population d'un upazila. Ils sont cependant très présents au nord-ouest. Le recensement montre qu'ils représentent 68 % des Jummas dans l'upazila de Matiranga. La frontière les sépare artificiellement de l'État de Tripura en Inde où ils sont très nombreux. Ils sont aussi présents, dans la partie sud-est[32] des Hill Tracts.*

carte 6

Cartes réalisées à partir des données du BBS, 2011. Paul Nicolas – élaboration personnelle, 2015.

---

[32] Il s'agit là sans doute des Ryangs, proches des Tripuras par la langue et comptabilisés comme Tripuras dans le recensement.

Carte 7 : Part des Marmas parmi la population de chaque upazila

Carte 8 : Part des ethnies n'appartenant pas aux trois principales ethnies parmi la population de chaque upazila

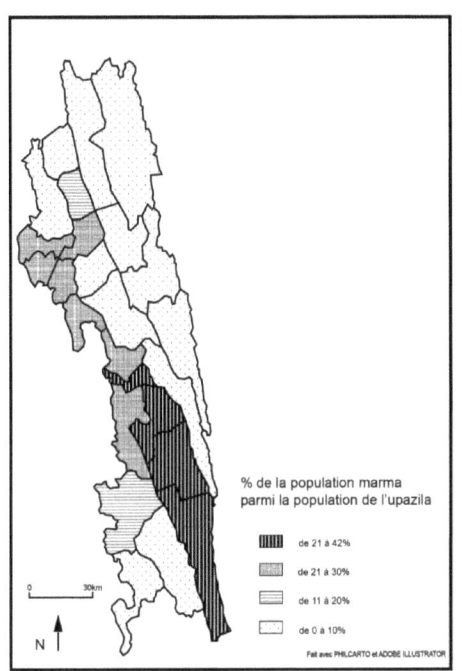

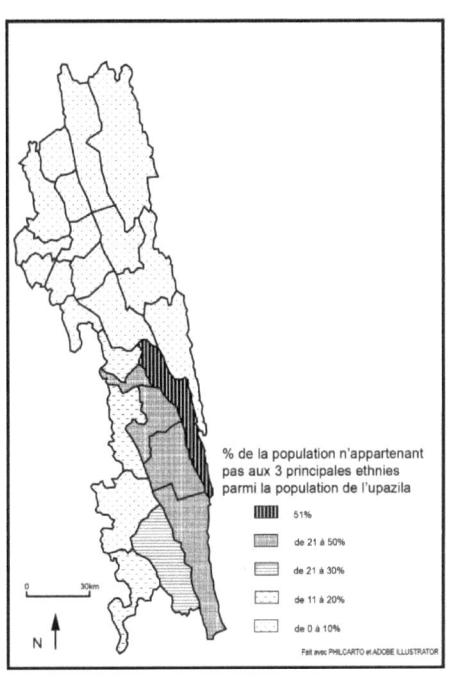

La répartition des Marmas est plus complexe : très présents au sud-est, ils occupent une zone en écharpe qui va jusqu'au nord-ouest des Hill Tracts. Ce sont dans les upazilas montagneux du sud-est qu'ils représentent une part importante mais jamais majoritaire de la population totale. Le recensement montre qu'ils sont majoritaires parmi les Jummas autour de deux pôles : autour de Bandarban et de Manikchhari.

Les huit autres ethnies sont essentiellement présentes dans les upazilas montagneux du sud-est. Elles sont même majoritaires au sein de l'upazila de Belaichhari. Le recensement montre qu'elles sont majoritaires au sein des Jummas dans les quatre upazilas de Naikongchhari, Alikadam, Ruma et Belaichhari.

Cartes réalisées à partir des données du BBS, 2011, Réalisation : Paul Nicolas – élaboration personnelle, 2015.

3. Des conditions de vie difficiles

a. *Au sein d'un pays pauvre*

Rappelons d'abord que le Bangladesh se situe encore parmi les pays les plus pauvres du monde. Le rapport 2015 du PNUD[33] classe ce pays au 139 ème rang mondial (sur 188) pour l'IDH[34] (0,579). En Asie, seuls le Cambodge, Myanmar, le Pakistan, le Népal et l'Afghanistan ont des indices plus faibles. Près de la moitié de la population vit avec moins de 1,25 dollar par jour (Lewis, 2011). Dans les médias occidentaux, ce pays est souvent représenté comme accablé par les catastrophes et par la corruption de ses élites.

Ce tableau doit cependant être nuancé. Le Bangladesh connait depuis une dizaine d'années un taux de croissance élevé, porté par le développement de son industrie textile tournée vers l'exportation, les retours d'argent de ses migrants et l'amélioration de la productivité agricole. La Banque mondiale présente même ce pays comme un exemple de parcours réussi en matière de développement comme en témoignerait l'amélioration d'indicateurs sociaux. Ainsi la part de la population vivant sous le seuil de pauvreté est passée de 57 % dans les années 90 à 49 % vers 2010, l'éducation primaire des jeunes filles progresse et le recours au planning familial s'est développé (Lewis, 2011).

Dans ce contexte, quelle est la situation des populations des Hill Tracts ?

b. *La plus grande pauvreté des habitants des Hill Tracts*

Deux études assez récentes permettent de répondre à cette question. La première est une base de données socio-économiques, cofinancée par l'ONU et l'Union Européenne (Barkat et al., 2009). La seconde étude[35] est réalisée par une société néozélandaise de conseil en développement rural (ANZDEC Limited, 2011). Il s'agit d'un Plan de

---

[33] http://www.undp.org/content/undp/en/home/search.html?q=huaman+report+, consulté le 27/11/2017.
[34] Indicateur de développement humain.
[35] Elle s'appuie largement sur la base de données socio-économiques de 2009.

développement pour le compte du Ministère des Affaires des Chittagong Hill Tracts et de la Banque asiatique de développement.

Ces études, effectuées en zone rurale, démontrent que les habitants de cette région sont plus pauvres que la plupart des ruraux du Bangladesh. Le graphique 1 montre que les trois quarts des habitants des Hill Tracts sont sous le seuil de pauvreté absolue (moins de 866 takas /personne/mois[36]) alors que moins d'un tiers des ruraux du Bangladesh partage cette condition. Il montre aussi que les Peuples indigènes[37] sont plus nombreux sous ce seuil que les Bengalis (78 % contre 69 %).

Graphique 1 : Niveau de pauvreté au sein des populations rurales du Bangladesh et dans les Hill Tracts

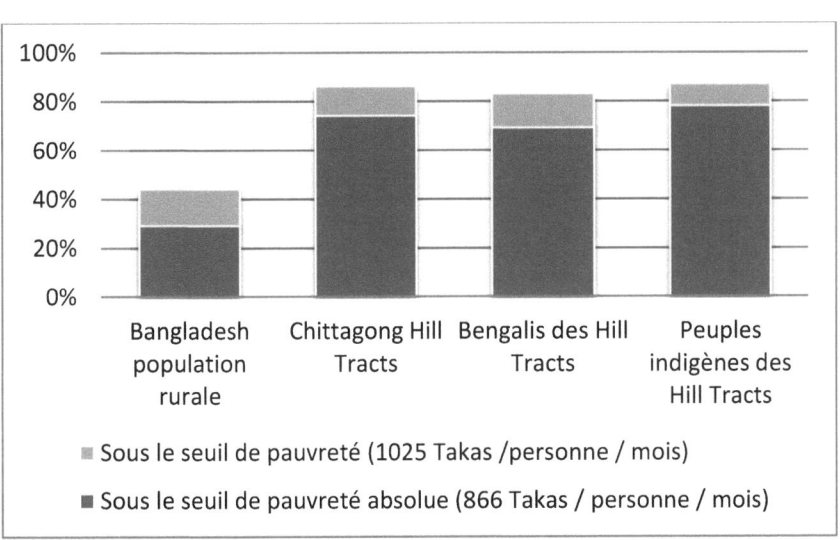

Sources : données issues de Socio-economic baseline survey of Chittagong Hill Tracts, 2009, p. 116. Élaboration personnelle.

Cette pauvreté se manifeste par la sous-alimentation de plus d'un tiers de la population (graphique 2, page suivante). C'est davantage que la moyenne du Bangladesh rural. Les Peuples indigènes, là encore, sont plus affectés que les Bengalis. La pauvreté alimentaire touche surtout les femmes (cf. graphique 3, page suivante). Comment expliquer que

---

[36] 100 takas valaient environ 1 euro à l'époque de ces études.
[37] Traduction de ce que la source utilisée appelle *Indigenous People*.

80 % des femmes adultes soient dans une situation d'extrême pauvreté alimentaire alors que cette proportion n'est que de 44 % pour l'ensemble de la population (enfants compris) ? En période de difficultés alimentaires, les femmes ne se nourrissent que lorsque les hommes et les enfants ont reçu leur part. On observe d'ailleurs que les femmes bengalies sont plus touchées que les femmes jummas par cette dimension de la pauvreté.

Graphique 2 : Niveau de pauvreté alimentaire au sein des populations rurales du Bangladesh et dans les Hill Tracts

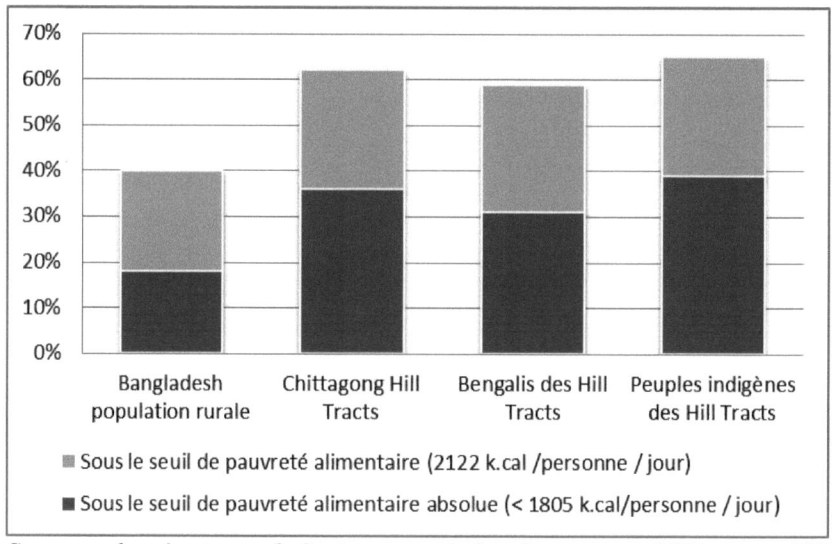

Sources : données issues de Socio-economic baseline survey of Chittagong Hill Tracts, 2009, p. 115. Élaboration personnelle.

L'étude analyse aussi les revenus monétaires des foyers (graphique 4, page suivante). Ils proviennent pour les deux tiers de l'agriculture chez les Peuples indigènes (pour la moitié chez les Bengalis). Les mêmes constats peuvent être formulés : revenu plus faible des habitants de cette région par rapport à la moyenne des ruraux du Bangladesh, écart au sein des Hill Tracts entre Peuples indigènes et Bengalis.

Graphique 3 : Niveau de pauvreté alimentaire des femmes dans les Hill Tracts

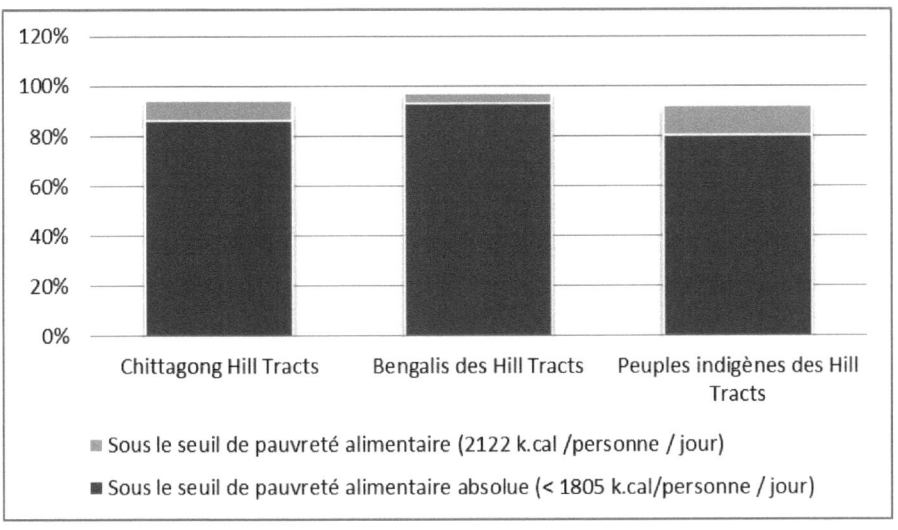

Sources : données issues de Socio-economic baseline survey of Chittagong Hill Tracts, 2009, p. 115. Élaboration personnelle.

Graphique 4 : Revenu net annuel et dépenses annuelles par foyer en takas

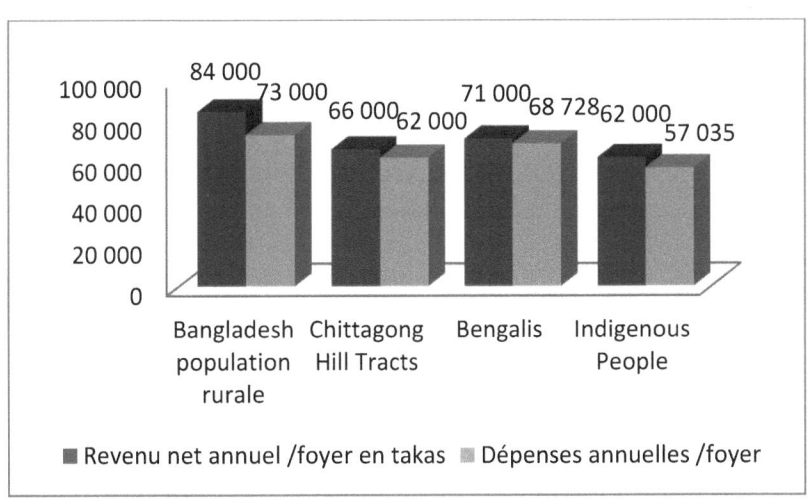

Sources : données issues de Socio-economic baseline survey of Chittagong Hill Tracts, 2009, p. 86 pour le revenu et p. 93 pour les dépenses annuelles. Élaboration personnelle.

Selon cette étude (p. 98), les ménages dépensent peu pour leur santé (0,9 % de leur revenu annuel) et pour l'éducation (0,6 %) ce qui contribue à les maintenir dans la pauvreté. L'accès aux soins reste particulièrement couteux. La faible part des revenus qui leur sont consacrés, leur cout élevé et le sous-équipement sanitaire de la région expliquent, selon le rapport, la forte récurrence des « maladies de la pauvreté » : diarrhées et malaria en particulier. L'éducation, même primaire, n'est pas gratuite. Les examens pour passer d'une classe à l'autre sont payants. L'école est donc hors de portée pour beaucoup de familles rurales. Même si l'alimentation est insuffisante, elle concentre encore 90 % des dépenses (p. 100). Aussi, près la moitié des habitants de la région ne savent pas lire (tableau 3).

Tableau 3 : Niveau de scolarité des habitants des Chittagong Hill Tracts

	Chittagong Hill Tracts	Bengalis	Peuples indigènes
Illettrés en %	51%	47,4%	53,9%
Enseignement primaire complet	7,8%	9,4%	6,3%
Enseignement secondaire complet	2,4%	2,2%	2,6%
Au-delà du secondaire	0,9%	0,8%	1,1%

Sources : données issues de Socio-economic baseline survey of Chittagong Hill Tracts, 2009, p. 36.

La pauvreté est donc manifeste dans cette région du Bangladesh. Elle touche plus les populations jummas que les populations bengalies et davantage les femmes que les hommes. Mais il y a aussi de fortes inégalités de niveau de vie au sein même des Hill Tracts.

c. Inégalités spatiales

Les cartes ci-dessous montrent nettement que certains upazilas du sud-est (Tianchi, Ruma, Belaichhari, Juraichhari) sont davantage affectés par l'insécurité alimentaire (carte 9). La situation est meilleure dans le nord-ouest.

Les régions où la population est peu alphabétisée (carte 10) sont toutes situées dans le sud des Hill Tracts (upazilas d'Alikadam, Naikhongchhari, Tianchi, Ruma, Belaichhari, Rowangchhari). La situation est meilleure autour des villes les plus importantes (upazilas de Khagrachhari, Dighinala et Kaptaï).

La carte du niveau d'électrification des maisons (carte 11) confirme, mais nuance aussi, les contrastes régionaux repérés. Les zones urbaines sont mieux desservies (upazilas de Khagrachhari, Dighinala et Kaptaï). L'ouest, à nouveau, est mieux loti que l'est. Mais la proximité du barrage hydroélectrique de Kaptaï a aussi un effet. Les upazilas les moins bien équipés sont dans l'extrême sud (Tianchi et Alikadam) et de manière surprenante dans les districts pourtant proches du lac de Kaptaï, de Longadu et de Lakshmichari.

Le Plan de développement rural (ANZDEC Limited, 2011) propose un indicateur synthétique de développement pour chaque upazila[38] (carte12) qui résume ces inégalités spatiales. Cette carte montre une corrélation étroite entre les régions les « moins développées » et celles qui sont les plus rurales et les moins densément peuplées (cartes 13 et 14) : ce sont, en particulier, les régions les plus montagneuses du sud (upazilas de Tianchi, Ruma, Belaichari, Rowangchhari). Le Plan de développement rural (ANZDEC Limited, 2011) souligne également un facteur majeur expliquant, à une échelle plus fine, la distribution de la pauvreté dans les Hill Tracts : l'inégal accès aux marchés et aux services. Les villages les plus handicapés sont ceux qui sont loin des axes majeurs de circulation.

---

[38] Indicateur fondé sur 7 critères, dont l'insécurité alimentaire, le taux d'alphabétisation, la présence d'ONG, le niveau des investissements, etc. Plus le chiffre de l'indicateur est élevé, moins les régions sont « développées ».

Carte 9 : Niveau d'insécurité alimentaire

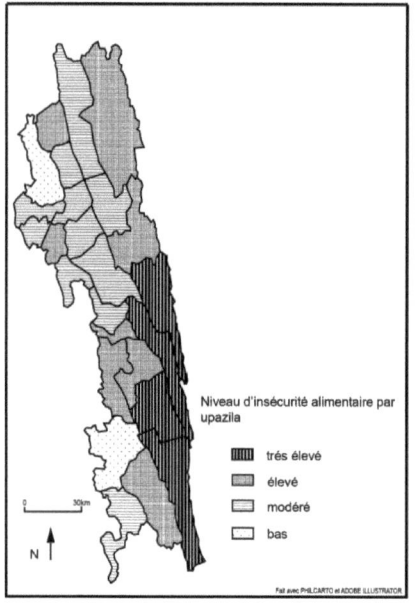

Carte 10 : Taux d'alphabétisation

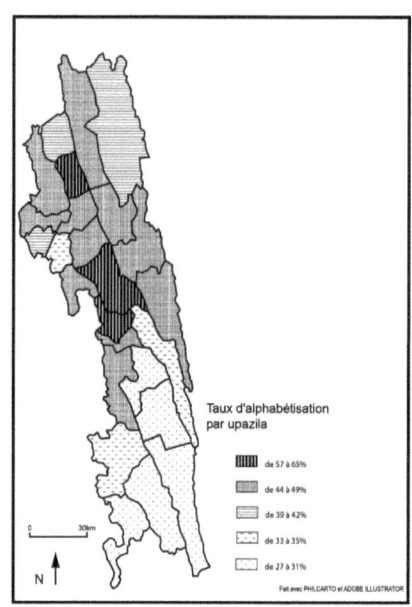

Carte 11 : % des habitations disposant de l'électricité

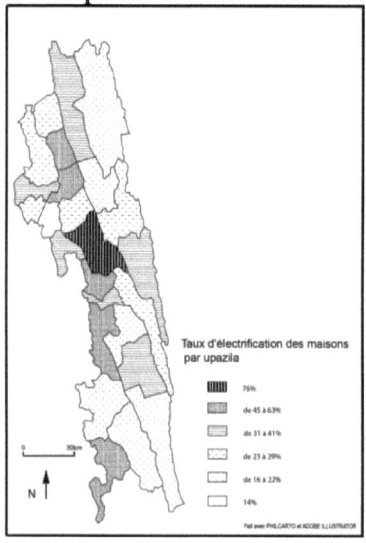

Carte 12 : Indicateur synthétique de développement

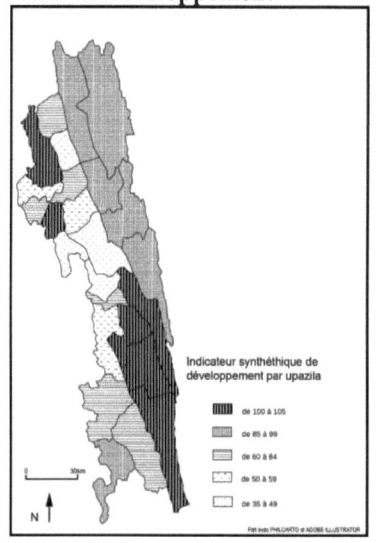

Cartes 9 à 11 réalisées à partir des données du BBS, 2011 ; Paul Nicolas, élaboration personnelle 2015.

Carte 12 réalisée à partir des données du Plan de développement rural, 2011 ; Paul Nicolas, élaboration personnelle, 2015.

Carte 13 : Densité de population par upazila

Carte 14 : % de population rurale par upazila

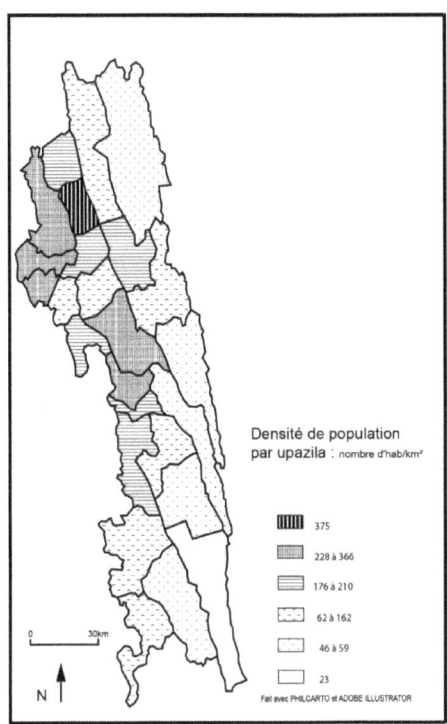
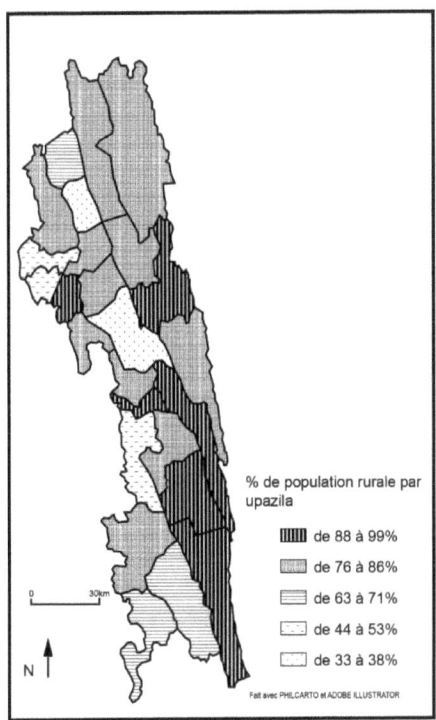

Cartes réalisées à partir des données du Bangladesh Bureau of Statistics, 2011. Réalisation : Paul Nicolas – élaboration personnelle, 2015.

Carte schéma 15 : Les inégalités spatiales au sein des Hill Tracts

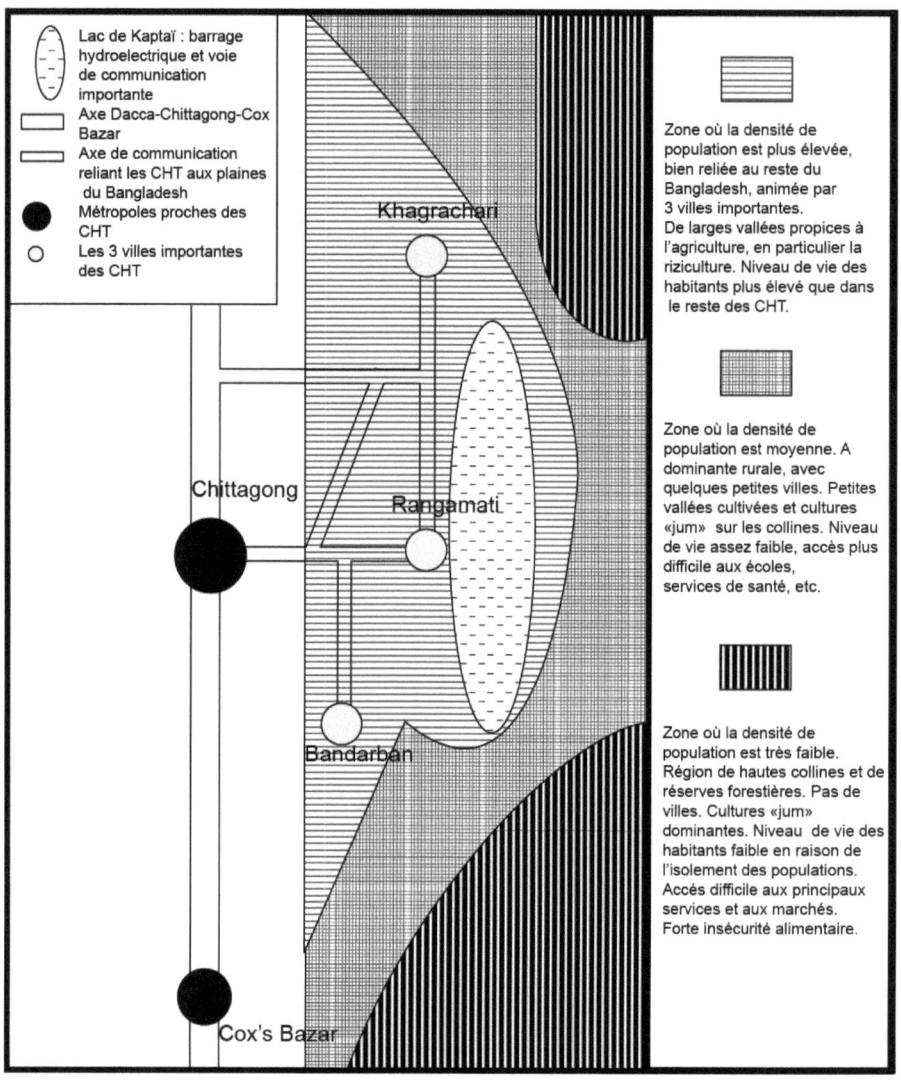

Réalisation : Paul Nicolas – élaboration personnelle, 2015.

La carte schéma 15 ci-dessus, permet de rendre compte des inégalités spatiales. Elle aide à comprendre qu'un observateur circulant dans la région nord-est des Hill Tracts, sans trop s'éloigner des principaux axes routiers et hors des périodes de soudure (juin, juillet), n'a pas l'impression de traverser une des régions les plus pauvres d'Asie. Les plaines sont intensément cultivées (photo 3 et 4). Il règne une grande activité dans les rizières. Les marchés (photo 7) regorgent de fruits et de légumes variés (banane, papaye, jacquier, curcuma, concombre, piment, gingembre, etc.). Les maisons, souvent sur les collines proches, sont soignées et des chemins, bien entretenus, sillonnent champs et hameaux (photo 5 et 6). Si on ajoute à ce paysage quelques femmes circulant avec leurs vêtements très colorés (photo 8), on construit un tableau tout à fait riant de la réalité.

Lors d'un voyage effectué dans les Hill Tracts en novembre 2009 dans la petite ville de Dighinala, au nord du lac de Kaptaï, j'ai été accueilli par un maitre d'école (quatre-vingts élèves le matin et quatre-vingts autres l'après-midi). Il possédait, en outre, quelques terres qu'il faisait travailler. Nous étions logés dans une maison faite en terre séchée avec quatre pièces, un salon d'accueil à l'entrée doté d'un canapé, une cuisine-salle à manger à l'arrière de la maison. Nous avons bénéficié de l'électricité par intermittence ce qui permettait l'accès à la télévision. Une pompe amenait l'eau à proximité de la maison. Il nous était possible de joindre l'instituteur sur son téléphone portable. Il en faisait un usage fréquent notamment pour communiquer avec chacun de ses sept enfants dont plusieurs suivent ou ont suivi des études à l'université. Chez lui, comme chez ses voisins ou amis, il y a deux repas par jour avec systématiquement du riz, accompagné de légumes. Pour les invités, ou les jours de fête, il y a des morceaux de poulet, de poisson, parfois de bœuf ou de porc. Chez les agriculteurs bien dotés en terres, l'eau d'un puits et l'électricité (on voit quelques panneaux solaires sur les maisons) donnent un minimum de confort (photo 5). Certains agriculteurs utilisent des tracteurs ou des motoculteurs. Les machines à décortiquer le riz sont fréquentes. Les mieux lotis font travailler leurs proches et parfois des salariés.

Mais ce tableau n'est en rien celui des régions les plus pauvres. Là, les populations sont plus isolées. Pour elles, l'accès aux marchés, aux écoles, aux centres de soin est plus difficile compte tenu des moyens de communication. Ce sont des régions plus élevées où la part des plaines est beaucoup plus limitée et où, de ce fait, la pratique des cultures jum domine.

Photo 5 : Maison à Karolachari  *Photo E. Nicolas, 2009* *Maison située dans un hameau à proximité de Longudu. Au cœur du hameau, une esplanade très soignée, entourée des haies, limitant des jardins cultivés. Sur le toit, un panneau solaire qui permet l'éclairage de la maison et l'usage d'un téléviseur.*	**Photo 6 : Chemin à Dighinala**  *Photo E. Nicolas, 2009* *Ce chemin se situe à la sortie de Dighinala. Il est longé de part et d'autre par des maisons clairsemées, alternant avec des espaces arborés et cultivés. Au sol, des briques de terre cuite. En bordure, une haie tressée et continue.*
Photo 7 : Un marché  *Photo M.C. Rubin, 2010* *Les marchés sont souvent entre les mains des Bengalis. Ici, à Dighinala, une marchande jumma qui vend ses légumes (pommes de terre, piments, aubergines, tomates) et ses fruits (Boroï, pamplemousses)*	**Photo 8 : Femmes ramenant du bois**  *Photo Ajha, 2012* *Les femmes travaillent dur dans les Hill Tracts et portent souvent de lourdes charges. Elles transportent le bois mais aussi l'eau. Même dans ce dur labeur, elles s'habillent de pinons colorés, tissés au pays et soignent leur apparence pour aller vendre le bois au marché.*

Dans les Chittagong Hill Tracts les conditions de vie sont donc, à des degrés divers, plus difficiles qu'ailleurs dans le Bangladesh rural. Comment expliquer cet écart ?

d. Pourquoi ce décalage ?

La région est située dans un angle mort du pays (auparavant du Pakistan ou de l'Empire britannique), à l'écart des axes majeurs de circulation. Si des échanges ont existé dans le passé et existent encore aujourd'hui, ils ont affecté surtout la zone de contact entre le delta et les collines. Très naturellement, les principales villes sont à l'ouest de cet espace, au bord du lac de Kaptaï et dans les vallées sud-nord qui séparent les chainons collinaires. L'est des Hill Tracts est dépourvu de villes dignes de ce nom.

C'est aussi le résultat d'une longue mise à l'écart des populations des Hills Tracts, objet du chapitre suivant, et de la longue guerre qui a ensanglanté la région de 1977 à 1997. Les traces en sont encore présentes et la base socio-économique montre combien les populations jummas en ont été affectées. Le tableau 4 montre la part importante de ceux que la guerre a contraints à l'exode. Beaucoup à ce jour n'ont pas récupéré leurs terres ce qui aggrave leur situation.

Tableau 4 : Populations contraintes de quitter leur village de 1977 à 2007.

	Chittagong Hill Tracts	Bengalis	Indigenous People
De 1977 à 2007	30%	22%	38%

Sources : données issues de Socio-economic baseline survey of Chittagong Hill Tracts, 2009, p.43.

La longue domination subie par les Jummas des Hill Tracts a donc encore des effets délétères. Cette domination s'est appuyée sur la perception, partagée par ceux qui les ont dominés, du grand écart qui séparait les cultures jummas des cultures dominantes.

4. Une autre culture que celle de la majorité des Bangladais

a. *Sur une frontière culturelle*

La lisière entre les plaines du Bengale et les collines des Hill Tracts correspond à une des limites culturelles les plus fortes de l'Asie. Selon Willem Van Schendel (2009), quand vous entrez dans ces collines, vous réalisez tout de suite que vous franchissez une frontière culturelle. L'architecture des temples et des maisons, la nourriture, la forme des relations de genre et de nombreux autres indices évoquent les populations du Sud-est asiatique.

Comme le montre la carte 16 (p. 57), cette frontière sépare à l'ouest un espace où les langues indo-européennes dominent et à l'est des espaces où les langues parlées se rattachent à la famille sino-tibétaine. Plus globalement, on est dans la région de contact entre les civilisations indiennes et celles de l'Asie du Sud-Est (Schendel et al., 2001). Cette frontière culturelle sépare aussi, à l'ouest, les régions marquées par les religions hindouistes et musulmanes et, à l'est, celles qui sont sous influence bouddhiste. Le bengali n'est pas la langue des Jummas et ils ne sont pas musulmans. Ce fait pourrait être sans importance. Beaucoup d'États sont multi-religieux et comportent plusieurs langues parlées. Mais, nous le montrerons dans le chapitre suivant, le Pakistan est le premier État issu de la décolonisation construit sur une identité religieuse. Au cœur des motivations graves qui ont provoqué la guerre qui a abouti à la scission du Pakistan et à la naissance du Bangladesh, la question linguistique a joué un rôle essentiel. À deux moments majeurs de l'histoire, les spécificités religieuses et linguistiques des Jummas les ont placés en marge de l'identité nationale qui se construisait.

Pour autant, il ne faut pas imaginer cette frontière culturelle comme opposant dos à dos des mondes aux identités fermées. Comme toute frontière, celle-ci est, selon les moments et les lieux, espace d'affrontements ou d'échanges.

Carte 16 : Les Hill Tracts sur une limite linguistique très marquée de l'Asie.

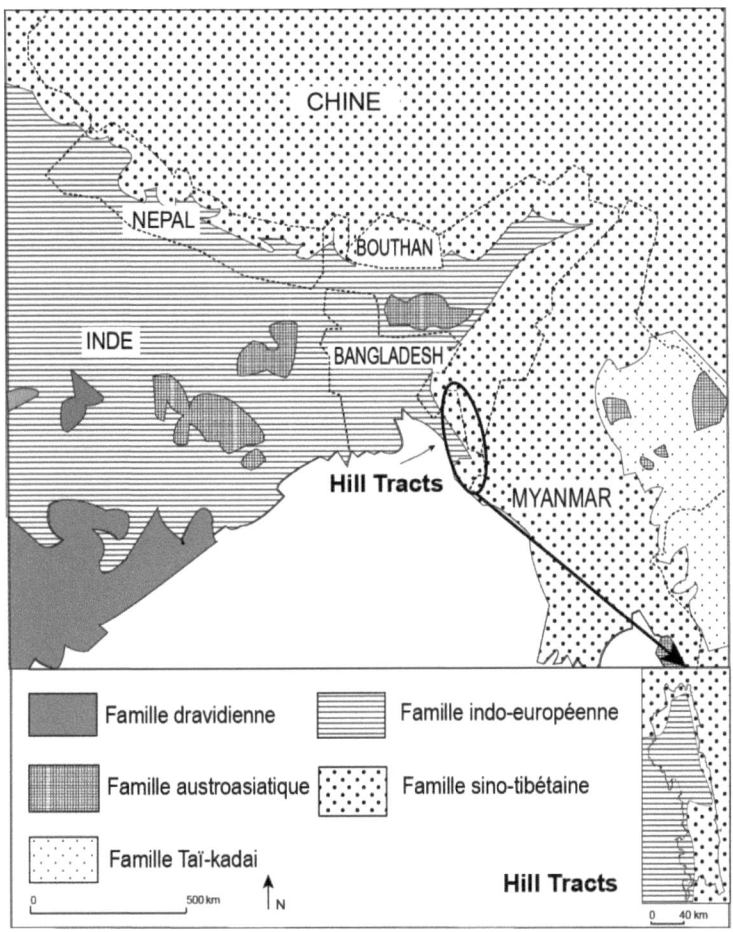

Carte réalisée à partir de la carte d'Asies nouvelles (Foucher, 2002 p.35).
Réalisation : Paul Nicolas – élaboration personnelle, 2015

b. Les Jummas ne sont pas musulmans

La grande majorité bengalie des habitants du Bangladesh est donc musulmane (sunnite) même s'il faut éviter de présenter cette appartenance religieuse de manière trop monolithique (Van Schendel, 2009). Le bouddhisme est la religion majoritaire des Jummas ce qui ne doit pas masquer une grande diversité religieuse au sein des Hill Tracts (cartes 17 à 21). Les régions où, en proportion, les bouddhistes sont nombreux (à l'est d'une diagonale Panchhuri-

Langudu Kaptaï, Alikadam) sont grossièrement celles où les musulmans sont faiblement présents (cartes 17 et 18). Mais ce schéma simple est altéré par la présence de petites minorités hindouistes, surtout au nord-ouest là où vivent les Tripuras (carte 19) et chrétiennes, au sud-est, en particulier parmi les Lushaïs, les Pankhuas et les Bawms (carte 20).

c. Diversité linguistique

Sur le plan linguistique, la situation est moins tranchée. Le bengali langue nationale, appartient à la famille des langues indo-européennes. Beaucoup de Jummas, qui ont fréquenté l'école, en font usage. Mais les langues jummas sont, pour la plupart, très éloignées du bengali et appartiennent à des branches diverses de la famille de langues tibéto-birmanes ce que montre la carte 21 (p. 64). Cette carte s'appuie sur celle réalisée de manière très minutieuse, en 1965, par l'anthropologue Lorenz G. Löffler (Brauns et Löffler, 1990)[39]. Depuis, d'intenses brassages de populations, liés à la construction du barrage de Kaptaï et vingt ans de guerre civile ont redistribué les populations. Mais elle donne à comprendre la diversité linguistique qui existait alors et qui est loin d'avoir disparu malgré la volonté du gouvernement d'imposer la langue bengalie sur tout le territoire.

Si le bengali est une langue relativement homogène, ce n'est pas le cas des langues jummas. Il y a, en particulier dans le sud des Hill Tracts, une grande diversité de langues parlées correspondant à des groupes ethniques très variés[40]. C'est ce qui conduit Claus Brauns et Lorenz Löffler (1990) à écrire :

> *« S'il existe sur terre un lieu où l'on puisse trouver à l'intérieur d'une surface limitée plusieurs groupes ethniques appartenant si distinctement à différentes cultures, alors ce lieu existe dans le sud des Chittagong Hill Tracts. Là, à l'intérieur d'un seul et même mouza[41], on peut trouver quatre groupes parlant des langues complètement différentes ». (Trad. libre, p. 36)*

---

[39] Rien d'aussi précis n'a été fait depuis.
[40] Certaines de ces langues sont aujourd'hui menacées de disparition, tel le sak (Guhaṭhākuratā et Van Schendel, 2013).
[41] Unité administrative regroupant quelques villages.

Carte 17 : % de la population de religion bouddhiste par upazila

Carte 18 : % de la population de religion musulmane par upazila

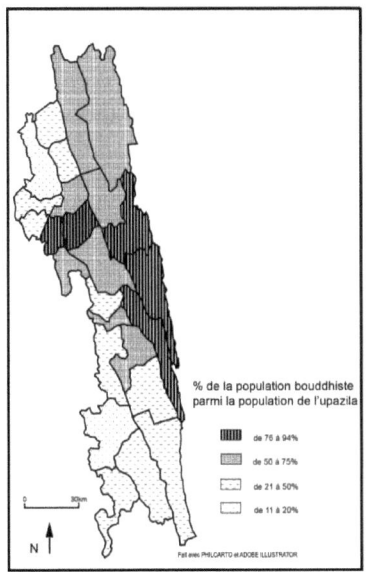

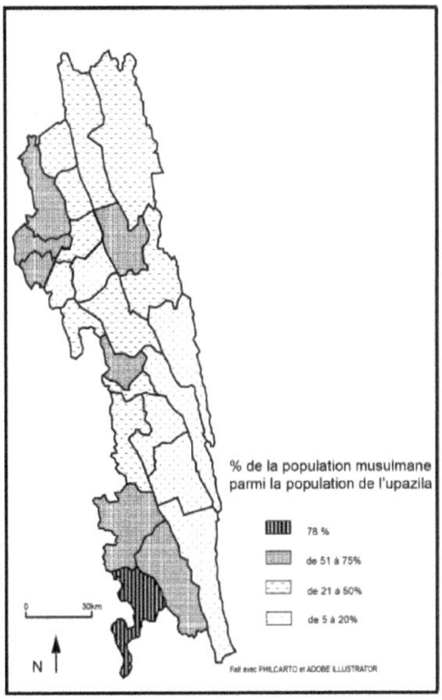

Carte 19 : % de la population de religion hindouiste par upazila

Carte 20 : % de la population de religion chrétienne par upazila

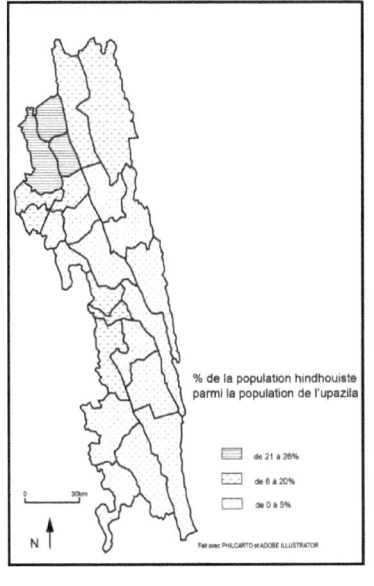
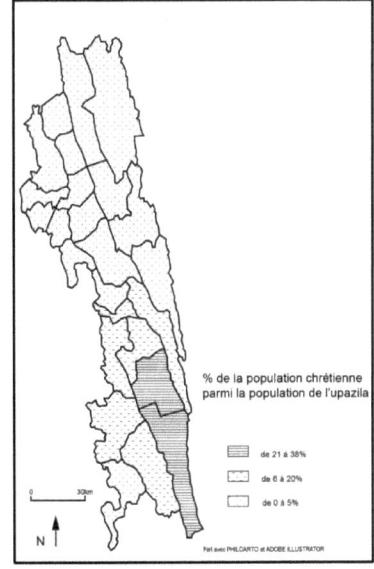

Cartes réalisées à partir des données du BBS, 201 ; Paul Nicolas – élaboration personnelle, 2015

Carte 21 : La diversité linguistique au sein des Chittagong Hill Tracts

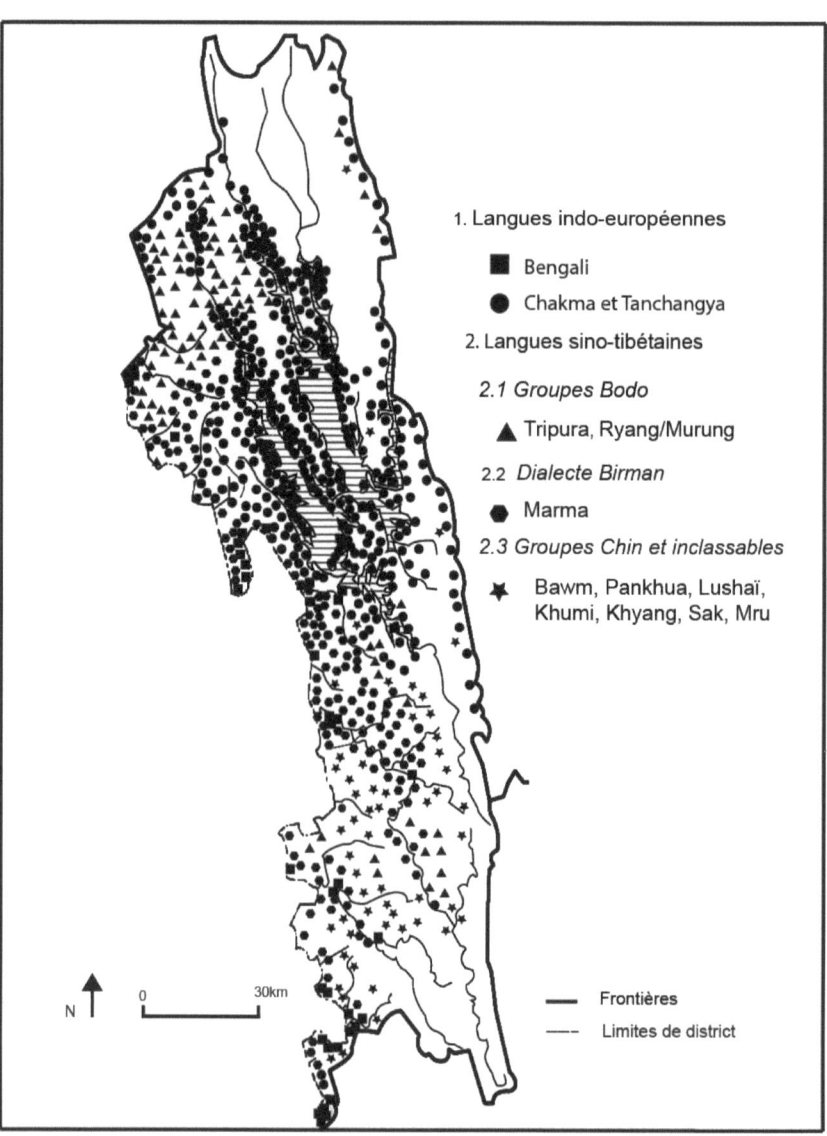

Carte construite à partir de la carte de Brauns et Löffler réalisée en 1965, in Mru : hill people on the border of Bangladesh, *1990, p. 36. Chaque signe correspond à cinq cents personnes, sauf en ce qui concerne les Bengalis concentrés dans les villes où chaque signe correspond à cinq mille personnes. La classification linguistique est empruntée à Roy et Gain,* The Chittagong Hill Tracts : life and nature at risk, *2000, p. 4. Réalisation : Paul Nicolas – élaboration personnelle, 2015.*

Au sein des langues jummas, existe une exception de taille, celle de la langue chakma[42] qui se rattache à la famille des langues indo-européennes ce qui la rapproche du bengali et plus précisément du chittagongien, une des variantes du bengali. Cependant, avant le XVIIIe siècle, les Chakmas auraient parlé une langue tibéto-birmane aujourd'hui disparue (Van Schendel, 2009). Les Chakmas les plus éduqués parlent une langue comportant de nombreux emprunts au bengali. Aussi, aux yeux des linguistes, la langue chakma la plus pure est celle parlée dans les campagnes. Les Chakmas sont aussi les seuls à disposer d'une écriture[43]. Celle-ci serait apparentée, non pas à l'écriture bengali mais à l'écriture khmère[44]. Seuls quelques rares lettrés chakmas savent encore en faire usage et elle est menacée de disparition. Si la langue tripura se rattache par le vocabulaire utilisé aux langues tibéto-birmanes, les structures grammaticales ont été fortement marquées par les contacts avec les langues indiennes (Tripura, 2010).

d. *L'empreinte du jum*

Outre langues et religions, quelques traits communs aux jummas concernent l'organisation de la vie économique et sociale. Ces sociétés sont d'abord marquées par la pratique ancienne de l'agriculture itinérante sur brulis (jum). J'ai expliqué (1.1.c.) que le jum était une pratique résiduelle. Il a laissé cependant des traces durables sur les sociétés jummas. Il s'accompagne de formes d'appropriation collective et coutumière du sol, qui, on le verra, placent ces populations dans une situation de grande vulnérabilité face aux spoliations foncières. La gestion communautaire de l'espace agricole comme de la forêt pourrait expliquer la persistance d'un fort esprit communautaire, et la pratique du consensus dans les groupes pour prendre des décisions (Brauns et Löffler, 1990 ; Roy et Gain, 2000). Aujourd'hui, les sociétés jummas disposent encore d'organisations administratives et judiciaires coutumières qui leur sont propres. L'unité de base est le village dirigé par le *karbari,* assisté d'un conseil des anciens. Les décisions y sont prises par consensus. Les villages sont regroupés en 350 *mouzas* dirigés par un *headman*. Le

---

[42] On peut y ajouter la langue des Tanchangyas très proche du chakma.
[43] Les Tripuras ont eu une écriture en usage jusqu'au XIVe siècle.
[44] www.chtcommission.org, consulté le 8/1/2015.

Raja[45] est au sommet de cette pyramide administrative et judiciaire. Il nomme les *karbaris* sur recommandation des headmen et tranche les conflits internes à la communauté. On verra plus loin comment ces institutions[46] coexistent avec celle de l'État bangladais. Enfin, les sociétés jummas sont encore largement endogamiques[47] et de fonctionnement patriarcal. Sur ce point, les mutations sont perceptibles, en particulier en milieu urbain. Ces points communs ne doivent cependant pas masquer la diversité qui existe au sein des populations jummas. Willem Van Schendel (1992) distingue deux modèles : le modèle tripura, fortement marqué par les influences indiennes et le modèle marma sous influences birmanes. On pourrait ajouter le modèle chakma sous influences bengalies. Une autre forme de diversité oppose « peuples des vallées » et « peuples des collines ».

e. Peuples des vallées, Peuples des collines

Thomas Herbart Lewin, en 1869, opposait déjà les peuples des vallées aux peuples des collines. Le géographe américain David Sopher (1964) a précisé cette opposition en étudiant de près les pratiques agricoles des populations des Hill Tracts. Ce schéma a été plus largement théorisé par Harald Ulhig (1969) qui évoque un étagement des paysages agraires et des groupes ethniques dans les montagnes de l'Himalaya et de l'Asie du Sud-Est. Il a été ensuite modélisé et élargi par Michel Bruneau qui parle d'étagement ethnopolitique pour les montagnes de Thaïlande et plus largement de l'Asie du Sud-Est (Bruneau, 1974, 2002, 2006).

---

[45] Sur la signification de ce titre, voir l'encadré 3 sur le Raja Devasish Roy (p. 68).
[46] Cette organisation a été reconnue au sein de l'Empire britannique en 1884. Les Chittagong Hill Tracts avaient alors été divisés en 3 Cercles : le Cercle Chakma (approximativement le district de Rangamati, le Cercle Bohmong (approximativement le district de Bandarban) et enfin le cercle Mong (approximativement le district de Khagrachhari).
[47] Enfin, le faible nombre de mariages, par le passé, entre des membres de ces ethnies et les Bengalis font qu'aujourd'hui encore, il est facile de distinguer, par ses traits physiques, un Jumma d'un Bengali (Mey, 1984).

Carte 22 : Échanges et rapport de domination entre peuples des vallées et peuples des collines au XVIIIᵉ et XIXᵉ siècle

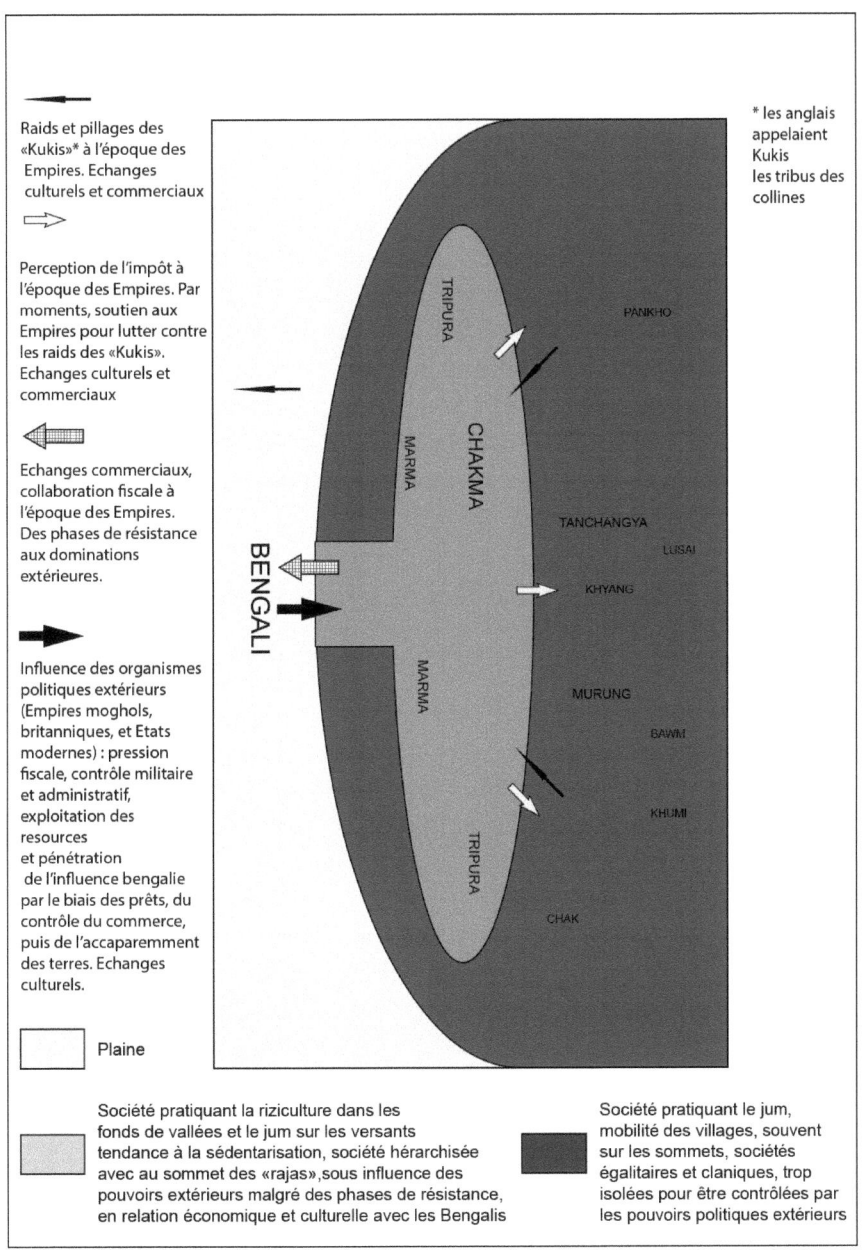

Réalisation : Paul Nicolas – élaboration personnelle, 2015.

Je montrerai (chapitre 2) comment les peuples des vallées (Chakmas, Tripuras, Marmas) ont construit plus tôt leur cadre politique tout en entretenant des relations fortes (d'affrontement ou de collaboration) avec l'encadrement politique dominant (cf. carte 22). À l'opposé, les Peuples des collines ont plus longtemps conservé des structures égalitaires, claniques, et ont échappé ou résisté plus longtemps à tout encadrement politique, fut-ce celui des peuples des vallées et se sont plus tardivement convertis au bouddhisme (Mey, 1984).

Le développement des échanges, les progrès de la scolarisation et la construction récente d'une identité jumma ont affaibli ces différences internes. Il reste cependant une évidente spécificité culturelle jumma. Comment est-elle prise en compte aujourd'hui par l'État bangladais ? La question est cruciale à la fois pour un État qui s'est construit autour d'une identité culturelle musulmane et bengalie et pour ces populations minoritaires qui restent profondément attachées à leur culture.

5. Minorités ethniques ou peuples autochtones ?

a. *Il n'y a pas de peuples autochtones au Bangladesh*

Le cas d'États comportant en leur sein des minorités culturellement différentes n'a rien de très original et existe dans bien des pays du monde. Pour l'État bangladais, les Jummas sont rangés dans la catégorie des « *minorités ethniques*[48] » par la constitution du Bangladesh, modifiée le 30 juin 2011 par le quinzième amendement. Mais les Jummas ne l'entendent pas ainsi et se présentent de leur côté, non comme « *minorités ethniques* » mais comme « peuples autochtones[49] » selon la définition qu'en donne la Déclaration des droits des peuples autochtones signée à l'ONU en 2007.

L'enjeu est de taille car cette Déclaration reconnaît des droits aux peuples autochtones face aux États qui les abritent. Sur les cinq continents, ces peuples luttent ensemble, et avec l'appui de cette instance internationale, pour les faire appliquer.

---

[48] Ou Adibasi en bengali.

[49] Traduction française d'« *indigenous people* » terme utilisé dans les documents en anglais. Les auteurs français évitent en général d'utiliser *« peuples indigènes »* connotés plus négativement.

Pour l'État bangladais, reconnaitre en son sein l'existence de populations qui réclament des droits différents du reste de la population pose, ici comme ailleurs, un problème épineux et met en cause le principe d'égalité de tous devant la loi qui fonde un État démocratique.

Mais plus encore, la Déclaration (voir encadré 2) dont se réclament les Jummas leur reconnait, entre autres, le « *droit à l'autodétermination* », celui de « *s'administrer eux-mêmes pour tout ce qui touche à leurs affaires intérieures et locales* » celui de « *posséder, d'utiliser, de mettre en valeur et de contrôler les terres, territoires et ressources qu'ils possèdent* ».

Encadré 2 : Peuples autochtones

La Déclaration des Nations Unies[50] sur les droits des peuples autochtones a été signée, le 13 septembre 2007, par 150 États[51].

J'ai résumé cette déclaration en m'appuyant sur la présentation qui en est faite par le GITPA[52]. Ce groupe international de travail pour les peuples autochtones souligne d'abord

> « *le droit des peuples autochtones à vivre dans la dignité, à maintenir et renforcer leurs propres institutions, cultures et traditions et à poursuivre librement leur développement selon leurs aspirations et leurs besoins* ».

L'article 4 en particulier affirme leur droit à « *s'administrer eux-mêmes pour tout ce qui touche à leurs affaires intérieures et locales* ». Cela se traduit par le droit des autochtones à disposer d'eux-mêmes, le

---

[50] On peut consulter cette déclaration sur le site de l'ONU www.un.org/esa/socdev/unpfii/documents/DRIPS_fr.pdf, consulté le 14/10/16 ou voir I. Bellier (2013).
[51] Quatre États ont voté contre : les États-Unis, l'Australie, la Nouvelle-Zélande et le Canada. Ils sont revenus sur leur vote et en 2009 (Australie) et 2010 (les trois autres Etats) ont approuvé la Charte. Onze se sont abstenus : le Bangladesh, mais aussi l'Azerbaïdjan, le Burundi, la Colombie, la Fédération de Russie, la Géorgie, le Kenya, le Nigéria, les Iles Samoa et l'Ukraine.
[52] Groupe international de travail pour les Peuples Autochtones, http://www.gitpa.org/Processus%20Frame.htm, consulté le 14/10/16.

droit à « *l'autodétermination* » (article 3). En vertu de ce droit, précise le GITPA :

> *« ils déterminent librement leur statut politique et assurent librement leur développement économique, social et culturel. Ils ont le droit de maintenir et de renforcer leurs spécificités d'ordre politique, économique, social et culturel, ainsi que leurs systèmes juridiques, tout en conservant le droit, si tel est leur choix, de participer pleinement à la vie politique, économique, sociale et culturelle de l'État ».*

Le GITPA poursuit cette présentation en rappelant que

> *« les autochtones, peuples ou individus, sont libres et égaux à tous les autres et ne doivent faire l'objet d'aucune forme de discrimination dans l'exercice de leurs droits, en particulier si celle-ci est fondée sur leur origine ou leur identité ».*

L'article 21 en particulier leur reconnait *« le droit sans discrimination d'aucune sorte à l'amélioration de leur situation économique et sociale ».* La déclaration souligne enfin que les peuples autochtones ont le droit *« de posséder, d'utiliser, de mettre en valeur et de contrôler les terres, territoires et ressources qu'ils possèdent »* (article 26). Les articles suivants précisent dans quelles conditions respectueuses des droits de ces peuples ces ressources peuvent être utilisées par les États.

Certains diplomates auraient souhaité inscrire une définition précise de ce que sont les peuples autochtones et adjoindre une liste nominative des peuples qui en relèvent. Les peuples autochtones qui ont préparé cette Déclaration ne l'ont pas souhaité. Dresser une liste officielle pourrait laisser croire qu'on est « peuples autochtones » parce qu'on est différent une fois pour toutes, des autres peuples. Ils ont donc refusé de se laisser enfermer dans une vision naturaliste de leur appartenance. Être peuple autochtone est une réalité sociale construite historiquement et politiquement. Comme l'explique Irène Bellier (2013)

> *« L'approche internationale converge aujourd'hui vers une appréciation de la marginalité des peuples autochtones dans les structures sociales, économiques et politiques, dont la source principale est le déni de droit par la société dominante et la perte de la base territoriale nécessaire aux*

> *économies de subsistance et aux productions matérielles et spirituelles des cultures ». (p. 24)*
>
> Ces peuples ont été dépossédés de la maitrise de leur territoire et mis en marge des États auxquels ils appartenaient. Cette situation n'a pas vocation à persister et les peuples autochtones ne veulent pas s'enfermer dans une posture de victimes.
>
> C'est sur ces bases que la Déclaration, dans son préambule, répertorie quelques traits qui leur sont attribués.
>
> - Leur singularité, leur spécificité linguistique et culturelle.
> - Le fait qu'ils soient dépossédés de leurs terres, territoires et ressources naturelles.
> - Leur présence historique et antérieure à la colonisation sur le territoire.
> - Leur marginalisation politique et juridique.

On peut comprendre les réticences du Bangladesh à se dessaisir ainsi d'une part importante de ses prérogatives sur une portion du territoire qu'il administre. Aussi, au prétexte de l'absence de définition du terme, le premier secrétaire de la Mission du Bangladesh à l'ONU, Iqbal Ahmed, déclare, en mai 2012, à New York, que « *le Bangladesh n'a pas de populations indigènes* ».

b. *Les Jummas peuples autochtones*

Le combat pour être reconnu comme peuple autochtone est, depuis vingt ans, un des axes majeurs de la lutte politique des Jummas. L'implication des Jummas a été et demeure très forte dans la défense à l'échelle mondiale des peuples autochtones. Ainsi, Devasish Roy[53], le raja des Jummas a joué un rôle majeur dans l'élaboration de la Charte de 2007 (cf. encadré 3). Lors de sa venue en France en 2012, il a fait une conférence à l'École des hautes études en sciences sociales qui présentait les différents aspects de cette Déclaration et sa portée.

---

[53] Voir encadré 3.

Lors de la conférence de Séoul en mars 2013 sur la sécurité climatique dans la région Asie, un autre Jumma, Mrinal Kanti Tripura représentait les peuples autochtones. Suite à la publication du 15e amendement de la constitution en 2011, il y a eu de nombreuses manifestations de la part de tous ceux, en particulier les Jummas, qui au Bangladesh se considèrent comme peuples autochtones. Des Jummas en exil ont, eux aussi, manifesté leur désapprobation face à cet amendement. Dans le chapitre 8, je montrerai que, pour l'instant, ce combat est encore loin d'être couronné de succès.

Encadré 3 : Biographie de Devasish Roy

Devasish Roy (né en 1958) est le traditionnel raja des Chakmas. Le titre de raja est un titre cérémoniel de courtoisie donné par les Anglais qui veut dire roi. Mais pour les Britanniques ces titres étaient très clairs. Pour eux, les rajas des trois cercles étaient des chefs coutumiers et pas des rois et Devasish Roy ne se considère pas comme tel.

Raja Devasish Roy est avocat, formé à l'université de Victoria en Australie. Il est avocat auprès de la Cour suprême du Bangladesh. Il est aussi un ardent défenseur des droits humains depuis plus de deux décennies. Parmi les nombreux résultats de son engagement, Devasish Roy a été le facilitateur lors des pourparlers officiels, entre le gouvernement du Bangladesh et le *PCJSS*, qui ont abouti à la signature des accords de 1997. Il a siégé en tant que ministre d'État dans l'administration intérimaire du Bangladesh en 2008.

Il a également été l'un des deux coprésidents de la Conférence mondiale des Peuples autochtones, à l'origine de la Déclaration de l'ONU sur les droits des peuples autochtones en 2008. Il a aussi été désigné comme membre expert des peuples autochtones d'Asie à l'Instance permanente de l'ONU sur les questions autochtones pour 2011-2013. Universitaire, il a écrit de nombreux ouvrages dont plusieurs se trouvent en bibliographie de cet ouvrage.

Cependant ce combat révèle en creux les attentes des Jummas. Elles relèvent de quatre domaines :

- économique d'abord : pouvoir maitriser l'usage des ressources de leur territoire afin de pouvoir en vivre ;
- sociale : être traités sans discriminations ;
- culturelle : maintenir et transmettre aux générations futures leurs cultures ;
- politique : bénéficier d'institutions autonomes qui leur permettent de maitriser l'évolution économique sociale et culturelle du territoire où ils vivent.

S'ils ont de telles attentes, c'est que depuis deux siècles, ils ont été très peu consultés à propos des décisions qui les concernaient et qui concernaient leur territoire.

Conclusion

La singularité des populations jummas au sein du Bangladesh est donc une évidence. D'abord parce que ces populations vivent depuis longtemps au sein d'un territoire de collines boisées tout à fait à part au sein du Bangladesh, territoire dont ils ont tiré les ressources particulières qui les ont fait vivre. Ce n'est pas sans raison que beaucoup les ont appelés « Peuples des collines » par opposition aux populations de riziculteurs du delta. Les modes de vie mis en place ont été une adaptation fine aux conditions écologiques et l'agriculture itinérante sur brulis pratiquée, le jum, a permis de faire vivre de faibles densités de population sans mettre en péril ces équilibres. Si le jum a laissé une empreinte forte dans les organisations sociales jummas, il est cependant aujourd'hui une pratique résiduelle. Les Hill Tracts sont aujourd'hui plutôt surpeuplés compte tenu de la faiblesse de l'espace cultivable même si, dans l'absolu, on est loin des densités exceptionnelles du delta.

Mais la différence de genre de vie entre les Jummas et les Bengalis des plaines est englobée dans l'opposition plus ample entre deux cultures. Les Chittagong Hill Tracts sont à l'est d'une des limites culturelles les plus marquées de l'Asie du Sud. Celle-ci oppose des populations de langues indo-européennes, de religion musulmane (à l'ouest) aux Jummas en majorité de langues sino-tibétaines et de religion bouddhiste. Mais aujourd'hui, le petit million de Jummas ne pèse pas lourd dans un État de près de 150 millions d'habitants pour la plupart bengalis et musulmans.

Moins tranchée est l'opposition de niveau de vie. Cependant, au sein d'un État qui reste, malgré quelques progrès récents, l'un des pays les plus pauvres du monde, les populations des Hill Tracts présentent des niveaux de vie parmi les plus faibles du pays.

Cette situation est le produit d'une longue histoire de domination. On est bien en présence d'une *minorité,* dotée de tous les caractères donnés, dans l'introduction de cette première partie, à ce concept. Beaucoup de leaders jummas cependant vont plus loin et osent se présenter, malgré l'hostilité de l'État bangladais, comme peuple autochtone, au sens de la Déclaration 2007 de l'ONU. Ils s'appuient, pour cela, sur la réalité de leur présence très ancienne dans les Hill Tracts et sur la marginalisation politique dont ils ont été victimes. Ils s'appuient sur l'histoire de la lente dépossession de leurs terres et de leurs ressources qui les a conduits dans cette situation de marginalisation et de pauvreté.

Dans le chapitre suivant, je vais donc montrer comment les historiens ont présenté les formes de la domination qui ont affecté les Jummas depuis le XIXe siècle. Le paroxysme de cette domination violente a eu lieu au moment de la guerre qui a opposé, entre 1978 et 1997, les Jummas à l'armée du Bangladesh[54].

---

[54] C'est au cours de celle-ci que soixante-douze enfants chakmas et tripuras sont arrivés en France en 1987. Ils sont à l'origine d'une communauté transnationale jumma en France. La fabrique de celle-ci sera présentée dans un volume à paraître aux éditions l'Harmattan.

Deuxième partie : les Jummas sous deux siècles de domination (1860-1997)

Dans le chapitre qui précède, j'ai montré qu'actuellement encore les Jummas subissent discrimination et domination. Ce n'est que dans les années 1980 que les médias occidentaux commencent à évoquer la situation tragique des Jummas au Bangladesh. Ils sont alors en proie à ce que certains ont appelé un génocide, quand d'autres y voyaient seulement la répression violente d'une tentative de sécession d'une minorité en résistance. Quel que soit le qualificatif utilisé, c'est bien deux décennies de violence qui, de 1977 à 1997, ont bouleversé la vie des habitants des Hill Tracts et en particulier les Jummas.

Ces vingt années de guerre sont l'aboutissement tragique d'une longue histoire au cours de laquelle les Jummas ont subi des formes de domination de plus en plus violentes. Je me penche donc ici sur les deux derniers siècles de l'histoire des Jummas, en centrant ma réflexion sur les formes de la domination qu'ils ont subie[55]. J'ai cherché à comprendre, en m'appuyant sur les travaux de recherches mentionnés dans l'introduction, comment ces peuples ont été mis à l'écart au sein des constructions politiques qui les englobaient, celle du colonisateur anglais d'abord, à partir du milieu du XIXe siècle, celle du Pakistan de 1947 à 1971, celle enfin du Bangladesh de 1971 jusqu'à l'accord de paix de 1997.

À chacune de ces étapes, je montrerai comment les Jummas ont été dépossédés du contrôle des ressources de leur territoire. Je questionnerai aussi les représentations construites à leur propos (et à propos de leur territoire) par ceux qui les dominaient. Je décrirai la manière dont ils ont tenté de résister, en se constituant, au-delà de leur diversité en un peuple se revendiquant comme autochtone des Hill Tracts. Tout cela permettra de détailler le processus qui a fabriqué leur mise à l'écart et créé une distance, entre eux et la majorité bengalie.

---

[55] C'est pourquoi je n'aborde pas la question des origines diverses des populations Jummas et l'histoire de leur installation dans la région, histoire encore largement méconnue par ailleurs. Sur cette période on pourra consulter les travaux de Brauns et Löffler (1990) ; Mohsin (1997) ; Roy et Gain (2000) ; Van Schendel et al. (2001) et la synthèse récente de Chowdhury (2017).

1. Sous la colonisation anglaise, une autonomie relative

Avant l'administration directe de cette région par les Anglais, les Peuples des collines[56] ont connu une grande autonomie. Cela ne signifiait pas pour autant que ces populations vivaient dans l'isolement (Brauns et Löffler, 1990 ; Chowdhury, 2017 ; Mohsin, 1997a ; Roy et Gain, 2000 ; Van Schendel et al., 2001). Les échanges prennent de l'ampleur et changent de nature avec l'arrivée, dans la région, en 1760, de la Compagnie des Indes orientales, avant-garde économique de la colonisation britannique. Pour consolider ses intérêts économiques et stratégiques dans l'ensemble de ses colonies indiennes, la Couronne britannique décide, en 1857, de prendre directement en main leur administration. Cela concerne aussi les Chittagong Hill Tracts.

a. Mise en place de l'administration directe britannique

Dès 1860, les Britanniques créent un district séparé des Chittagong Hill Tracts. Ce sont eux qui lui attribuent ce nom (Mohsin, 2000). Cette décision est une réponse aux raids meurtriers menés par les Kukis de l'est (carte 22 p. 63) et par la crainte des Britanniques de perdre le contrôle des frontières à l'est. En 1864, considérant que les terres n'appartiennent à personne, les Britanniques déclarent qu'elles sont désormais dévolues exclusivement à l'Empire britannique (Ashrafuzzaman, 2014). En quelques années un tournant majeur est opéré, parce que cet espace, alors peuplé de 63 000 habitants[57] est, pour la première fois, administré depuis le Bengale. La région est, de plus, directement placée sous l'autorité d'un *Deputy Commissioner* qui réside dans les Hill Tracts à Rangamati à partir de 1868 et représente l'autorité coloniale. C'est la première fois qu'un « non autochtone » exerce une autorité sur la région en séjournant sur place. La région est, d'emblée, dotée d'un statut particulier qui amorce la mise à l'écart des Peuples des collines. En effet, il ne s'agit ni d'un État princier indirectement administré comme l'est, au nord, le Hill Tippera, ni d'un district du Bengale. Elle est aussi séparée administrativement des collines du sud (Arakan) et de l'est (Lushaï)

---

[56] Sur l'usage des termes *Peuples des collines* et Jummas, voir note 12 p. 20.
[57] Selon Thomas Herbart Lewin, le premier Deputy Commissioner. Cela représente une densité de 4 habitants au km².

qui deviennent respectivement des provinces de la Birmanie et de l'Assam (voir carte 23).

Mais pourquoi un statut particulier au lieu d'un rattachement au Bengale ? Selon Tamina Chowdhury (2017), cela tient à l'image de ce territoire, perçu comme « *sauvage, indompté et inapte à un système légal conventionnel* » trad. libre p. 50. Il va de soi que ce statut d'exception ne peut que renforcer cette représentation des Hill Tracts.

Carte 23 : Le statut particulier des Hill Tracts à la fin du XIXe siècle

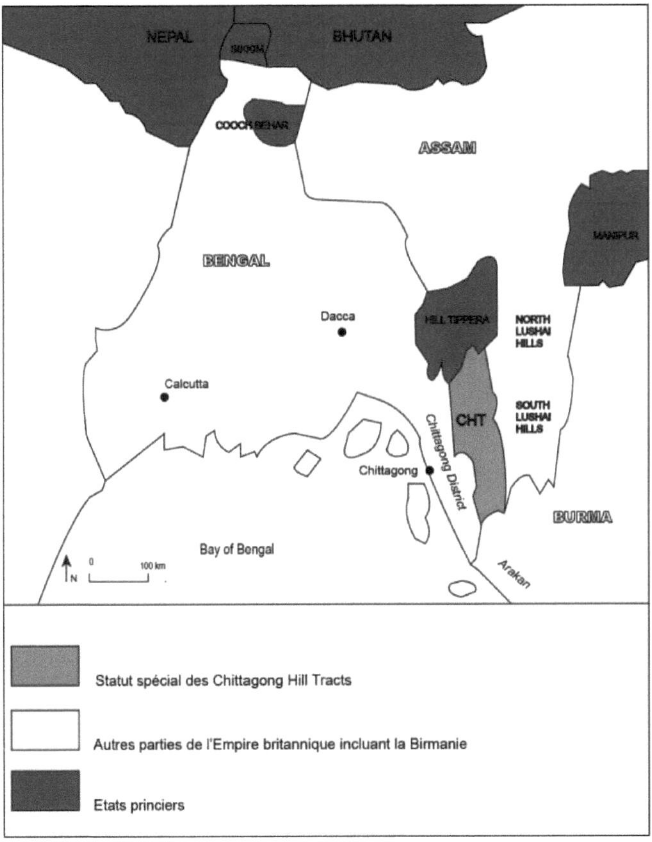

Carte réalisée par P. Nicolas, 2015, source Van Schendel et al., 2001, p. 19.

Cette région à part conserve cependant une marge d'autonomie. En 1884, les Hill Tracts sont divisés en trois cercles : le cercle Mong (au nord), le cercle Bohmong (au sud) et le cercle Chakma (au centre), chacun placé sous la direction d'un des rajas, à qui l'autorité britannique délègue ses pouvoirs et en particulier la mission de recueillir l'impôt (Ashrafuzzaman, 2014 ; Van Schendel, 1992). Trois « rois » au lieu d'un seul : c'était l'assurance de bénéficier de relais moins puissants et plus dépendants. Lors de la prise de fonction d'un nouveau roi, l'investiture est conférée par l'administration coloniale. Celle-ci établit ainsi son autorité en s'appuyant sur des relais fidélisés mais mis sous tutelle et contrôlés à distance[58]. Cette organisation était, pour les Britanniques, la manière la plus économique d'administrer la région.

Ce contrôle politique se traduit aussi par la présence, sur place, d'une force militaire. Les Britanniques, redoutant les raids venus de l'est, installent des postes de surveillance le long de la frontière orientale (Chowdhury, 2017 ; Van Schendel et al., 2001). Cela manifeste le peu de confiance que l'autorité britannique accorde aux rajas pour défendre leur frontière, d'autant que ceux-ci dans leur rapport avec eux font preuve d'un subtil mélange de collaboration et de résistance (Chowdhury, 2017). Dans les années 1870, il y a un militaire ou policier pour 96 habitants des collines (Mey, 1984). La militarisation de la région est donc un fait ancien.

L'objectif est clairement, pour les Anglais, la mainmise sur certaines ressources de la région. Ainsi en est-il de la forêt. En 1871, les Hill Tracts dans leur quasi-totalité sont déclarés « *Government Forest* » (Chowdhury, 2017 ; Van Schendel et al., 2001). Entre 1874 et 1883, sept réserves forestières sont délimitées. Ainsi près d'un tiers du territoire (3500 km^2) est soustrait à l'usage des agriculteurs autochtones puisque la pratique du jum y est interdite (Mohsin, 1997). Le territoire dont ils disposent se restreint pour la première fois. Les périodes d'assolement se réduisent de moitié au cours du XIXe siècle rendant plus difficile la reconstitution des sols. De plus, les Britanniques importent des tecks de Birmanie et remplacent de vastes espaces de forêts d'une grande biodiversité par des plantations avec

---

[58] Dès l'origine d'ailleurs, le premier Deputy Commissioner, Thomas Herbart Lewin s'est fixé comme objectif de limiter les pouvoirs de ces rois (Van Schendel et al., 2001). Il s'est heurté dans son entreprise aux chefs bohmong et chakma qui se sont plaints aux autorités britanniques de ses agissements. Il a cependant réussi à démettre le roi bohmong et à le faire remplacer par un de ses cousins plus conciliant.

les conséquences écologiques négatives qui accompagnent souvent les pratiques monoculturales. En même temps, ils distribuent des plants de teck à ceux qui pratiquent le jum, habile stratégie qui a permis d'étendre cette espèce au sein des forêts et facilité le maintien de bonnes relations entre l'administration forestière et les essarteurs (Debbarma, 1993). L'activité est très lucrative. Les grumes sont vendues dans la plaine du Bengale pour la fabrication de traverses de chemin de fer ou pour la construction navale à Chittagong.

Les Britanniques exercent aussi un pouvoir fiscal sur la région. Les administrateurs coloniaux se chargent de ramasser directement les impôts auprès des agriculteurs permanents[59]. Aussi le développement des labours dans les vallées est vivement encouragé car les terres labourées[60] procurent des revenus fiscaux plus stables (Van Schendel, 1992). Les Britanniques facilitent aussi l'installation d'agriculteurs bengalis habitués à cette pratique (Mey, 1984). Les trois rajas de leur côté assument la collecte auprès des agriculteurs itinérants. Ces impôts pèsent lourdement[61] sur les Peuples des collines, par ailleurs privés en certains endroits de l'accès aux forêts où ils pouvaient pratiquer le jum. (Chowdhury, 2017).

L'introduction des labours dans les vallées a permis à certains d'obtenir des excédents à vendre. La promotion de cette forme de mise en valeur agricole a des effets considérables sur les sociétés des collines : introduction de la propriété privée, renforcement des inégalités entre ceux qui ont des terres labourées et les autres, entre les ethnies des vallées et celles des « montagnes ». Les différences s'accusent entre ceux qui ont commencé à s'enrichir et ceux qui sont restés à l'écart de ces transformations (Mohsin, 1997 ; Marchal, 2002). Cela bouleverse des organisations sociales tribales jusqu'alors relativement égalitaires.

---

[59] L'assiette de l'impôt s'élargit et concerne désormais les terres, les transports, les marchés, le commerce et les productions forestières (Mohsin, 1997).
[60] Les colonisateurs britanniques sont aussi persuadés qu'ils introduisent ainsi, en agriculture, le progrès, cœur de leur « *mission civilisatrice* ».
[61] Tamina Chowdhury (2017) considère que cette politique a provoqué l'appauvrissement des populations autochtones et qu'elle est à l'origine de la famine qui a frappé la région en 1876 (p.83).

La marque du colonisateur sur le territoire se traduit enfin par des mesures qui renforcent la mise à l'écart des Peuples des collines. En effet, dans le district voisin à l'ouest, celui de Chittagong, des populations pratiquaient le jum. Le gouvernement colonial décide d'y interdire cette pratique qu'il juge arriérée. Ceux qui pratiquaient le jum dans ce district migrèrent donc vers les Hill Tracts (Van Schendel, 1992). Cette mesure renforce et fixe la limite occidentale de la région alors que jusqu'alors, celle-ci était floue et poreuse.

Les Britanniques vont aussi accuser l'écart entre Bengalis et Peuples des collines. Les activités lucratives sont confiées aux Bengalis. Ainsi en est-il pour le négoce du bois, pris en main par des entrepreneurs et des commerçants bengalis, les autochtones bénéficiant tout au plus d'emplois de manœuvres dans les exploitations forestières. Le commerce, dans le cadre d'une économie qui se monétarise, est entre leurs mains. C'est aussi auprès des Bengalis qu'il est possible d'emprunter à des taux souvent usuraires[62]. Les Peuples des collines n'ont guère accès à ces activités (Van Schendel, 1992) et certains s'endettent auprès des Bengalis (Mey, 1984). C'est pour cette raison que les autorités coloniales finissent par freiner l'accès de cette région aux habitants des plaines, craignant que, par leurs pratiques monétaires, ils n'assèchent les revenus fiscaux de la couronne (Chowdhury, 2017 ; Van Schendel et al., 2001). Tamina Chowdhury (2017), s'appuyant sur la description que fait, lors de son séjour en 1798 dans les Hill Tracts, l'explorateur Francis Buchanan, souligne qu'alors y existait à ses yeux « *un grand mélange des cultures*[63] » (p. 8) et que « *de toute évidence, l'interconnexion, le mélange et l'adaptation caractérisaient les sociétés* » (trad. libre p. 9) qui y vivaient. L'intervention coloniale a donc eu pour effet de séparer ce qui était dans une phase de brassage. Ainsi comme le résume Amena Mohsin (1997) :

---

[62] Thomas Herbart Lewin évoque des taux mensuels de 5 %.
[63] Francis Buchanan cite le cas du plus puissant de tous les chefs qui était né à Chittagong, avait été éduqué en Arakan avec des arakanais, avait un conseiller hindou, et des musulmans comme dewans ou ministres. Il observait que les Chakmas étaient habillés comme les Bengalis, que leurs femmes portaient des bijoux hindous et teignaient leurs habits à la manière des Birmans (Chowdhury, 2017, p. 9).

> « *La politique britannique dans les Chittagong Hill Tracts était guidée par deux principaux objectifs : a) protection des intérêts politiques, économiques et militaires b) maintenir les Peuples des collines séparés des Bengalis* » (p. 24, trad. libre).

Pourquoi cette mise à l'écart ? Comme l'a décrit Bernard Cohn (1996) pour le sous-continent indien, les formes de production du savoir renforcent la supériorité des Britanniques tout en représentant l'autochtone indigène comme un *Autre* figé dans son essence raciale et culturelle. Le colonisateur a ainsi classé les peuples selon des catégories basées sur leur conception de la société. Ainsi, une petite armée de spécialistes locaux se chargeaient de dessiner les limites entre ethnies, de codifier leurs coutumes et de leur assigner des territoires. Cela s'est passé de cette manière dans les Hill Tracts. Comme l'explique l'anthropologue Prashanta Tripura (2010), le colonisateur britannique a construit l'ethnicité des Paharis. L'ouvrage du premier Deputy Commisioner (Lewin, 1869)[64] a dressé un portrait des tribus, très marqué par les thèses évolutionnistes de l'époque, faisant de ces populations des primitifs. Thomas Herbart Lewin, imprégné aussi par le mythe rousseauiste du « bon sauvage », dépeint les Paharis comme des enfants de la nature, honnêtes et vulnérables, ayant construit des sociétés égalitaires[65]. Dans une optique paternaliste, le colonisateur a la responsabilité de les préserver de l'influence des populations plus corrompues des plaines (en particulier des Bengalis). Dans cet état d'esprit, les Anglais vont plus nettement figer la mise à l'écart des Peuples des collines à partir de l'acte de régulation de 1900.

b. *Le Chittagong Hill Tracts Regulation Act*

Les Britanniques ont, depuis 1860, pris en main l'administration des Hill Tracts au gré des circonstances. En 1900, l'ensemble des mesures adoptées sont revues et mises en cohérence au sein du « *Chittagong Hill Tracts Regulation Act*[66] ». Les nouvelles dispositions législatives consacrent l'autonomie accordée aux Peuples des collines, sous la

---

[64] Son premier ouvrage s'intitulait : *The Hill Tracts of Chittagong and the Dwellers Therein*. Il est réédité, un an plus tard, sous un nouveau titre : *Wild Races of South-Eastern India* qui précise le regard porté sur ces populations.
[65] Mythe démenti par l'existence de l'esclavage parmi les Paharis (Tripura, 2010).
[66] Appelé aussi plus sobrement le Manuel.

direction de leurs chefs et donc la place essentielle de leurs institutions traditionnelles. Plus encore, il valide l'autochtonie des Paharis et, à ce titre, a constitué, par la suite pour les Jummas, un document fondateur de leur droit à l'autonomie (Chowdhury, 2017). Les attributions des rajas sont renforcées puisqu'ils ont le pouvoir de démettre les chefs de villages alors que ceux-ci, dans la tradition, sont élus par les villageois[67]. Cette nouvelle disposition a d'ailleurs provoqué des réactions d'hostilité dans les villages (Mohsin, 1997).

Le *Regulation Act* dote la région d'un statut particulier qui en fait une « *excluded area* » (Brauns et Löffler, 1990 ; Mohsin, 1997 ; Roy et Gain, 2000 ; Van Schendel et al., 2001). Il limite strictement la possibilité pour les populations « non tribales » de venir s'y installer[68]. Tout candidat à l'installation dans les Hill Tracts devait solliciter un permis quasiment impossible à obtenir (Mey, 1984). Cela dissuade l'établissement de relations entre les Bengalis et les Paharis et renforce la méfiance entre ces deux groupes. L'Empire britannique a eu recours, là comme ailleurs, à ce procédé qui lui permettait de mieux assurer sa mainmise sur le territoire colonisé (Ahmed, 2017).

L'*Act* de 1900 poursuit enfin l'objectif de fixer les populations afin de mieux les contrôler et de percevoir plus régulièrement l'impôt. On peut donc considérer avec Wolfgang Mey (1984) que :

> *« La régulation de 1900 fut l'expression légale de la destruction finale du self-government et son remplacement par l'administration coloniale sous les maigres apparences d'institutions autochtones »* (p. 22, trad. libre).

Il a fixé pour longtemps la situation de cette région et de ses populations. Il a inspiré les règlementations ultérieures.

---

[67] Ils sont aussi, de même que les *dewans,* exemptés d'impôts et disposent du droit de planter des arbres. C'était pour l'autorité coloniale une manière d'acheter leur loyauté (Chowdhury, 2017).
[68] Disposition renforcée, en 1935, lorsque la région devient « *Totally Excluded Area* » et, de ce fait, interdite à tout étranger sans l'accord de l'administration locale (Roy, 2000 ; Chowdhury et al., 2014 ; Chowdhury, 2017).

c. Bilan de la période coloniale

Lorsque Tamina Chowdhury (2017, p. 181) dresse le bilan de la politique coloniale britannique, elle souligne la précision avec laquelle les législations ont été mises en place dans les Hill Tracts. Cela montre que l'autorité coloniale n'a pas mis à part cette région par négligence mais sciemment, en fonction de ses objectifs géopolitiques et économiques. Certes, l'autonomie et la protection face à l'arrivée de populations de l'extérieur ont été perçues comme un indéniable avantage par les Peuples des collines. Mais la contrepartie est lourde. Le contrôle des ressources par l'administration coloniale est renforcé et on peut considérer, comme Amena Mohsin (1997) que

> « *la dépossession des Peuples des collines de leurs sources de production, c'est-à-dire de la terre et de la forêt, était totale. Ils ont perdu le contrôle sur leur possession aussi bien que sur la mise en valeur des ressources. La tentative en plus d'en faire des « laboureurs » referma le piège économique en les rendant non seulement dépendants de l'État mais aussi des Bengalis*» *(p. 97, trad. libre).*

Ce statut particulier a aussi contribué à isoler ces peuples et à les priver des équipements scolaires et sanitaires et des routes dont bénéficie alors le reste du Bengale. Plus largement, comme l'écrit Amena Mohsin (1997) :

> « *Le manuel des Chittagong Hill Tracts, en réalité, était un document légal qui entérinait l'érosion de la souveraineté des Peuples des collines et posait les bases de leur aliénation à l'intérieur des systèmes politiques au sein desquels ils seraient incorporés par la suite* » *(p. 33, trad. libre).*

Il a placé cette région à la périphérie de la politique du Bengale. En 1935, quand les Hill Tracts deviennent *Totally Excluded Area,* la région ne dispose d'aucun élu dans le corps législatif du Bengale ce qui fait qu'aucun des sujets de préoccupations des *Paharis* ne concerne les élites politiques bengalaises pour qui la région apparait de faible intérêt (Chowdhury, 2017).

Ce statut particulier a aussi des effets sur la représentation d'eux-mêmes que se font les Peuples des collines. Jusque-là, ils se ressentaient comme membres d'un groupe (chakma, tripura, etc.) parmi d'autres. En raison de ce statut particulier, ils se vivent comme distincts du reste des populations voisines. De plus, face à l'érosion continue de leur pouvoir, les élites *paharis*, dans les plaintes qu'elles adressent à l'autorité coloniale, tout en se présentant comme respectueuses de celle-ci, soulignent de plus en plus leur autochtonie et mettent en avant la particularité de leurs coutumes. Elles participent donc aussi, de fait, à la construction de leur ethnicité (Chowdhury, 2017). Les Peuples des collines, par-delà la diversité de leurs langues, de leurs religions et de leurs coutumes commencent alors à se sentir membres d'une même unité sociale. On peut dire que l'invention des Jummas trouve là ses racines. De leur côté, les habitants des plaines vont de plus en plus les considérer comme étrangers à leur monde. On peut ainsi affirmer qu'ici, aussi, l'action du colonisateur a accusé les différences culturelles et renforcé l'exclusion de ces populations. Le graphique 5 ci-dessous schématise le rôle joué par l'Empire britannique dans la fabrique de la minorité jumma

Graphique 5 : La fabrique d'une minorité mise à l'écart sous l'empire britannique

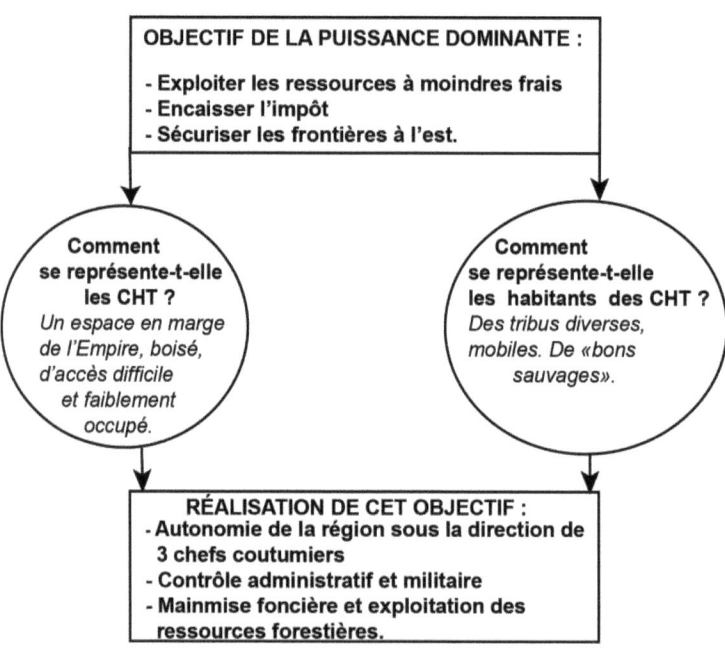

Le processus de mise à l'écart se renforce encore sous l'égide du Pakistan, qui hérite des Chittagong Hill Tracts, après la partition de l'Empire en 1947.

2. En marge du Pakistan

a. L'intégration non souhaitée au sein du Pakistan

C'est dans une position de grande faiblesse que les élites *paharis* abordent la période cruciale lors de laquelle la puissance coloniale lâche son emprise sur l'Inde. Amena Mohsin (2003) considère que l'administration anglaise « *a laissé les Peuples des collines totalement impréparés face aux systèmes politiques au sein desquels ils allaient être incorporés* » (*p. 27, trad. libre*). La montée du nationalisme qui, pendant toute la première moitié du XXe siècle, a préparé l'indépendance de l'Inde, n'a guère touché les habitants des collines. Face à l'indépendance qui se profile, les leaders, sans réelle coordination, commencent, certes à se positionner. Les trois chefs traditionnels demandent au Parti du Congrès[69], à la Ligue Musulmane[70] et aux Britanniques, la création d'un État indigène puis le rattachement à l'Inde ou, pour le chef Marma, à la Birmanie (Chowdhury, 2017 ; Mohsin, 2003 ; Roy et Gain, 2000). Se détournant de la Ligue musulmane au caractère religieux affirmé, des Chakmas autour de Sneha Kumar Chakma et de Kamini Mohan Dewan leadeur de la *CHT People's Association* approchent les membres plus laïcs du Congrès et réclament le rattachement à la future Union indienne (Chowdhury, 2017 ; Mohsin, 2003). Ces leaders sont aussi divisés quant à la forme politique future de l'État (autonome ou indépendant ?). Les rajas veulent la monarchie, Sneha Kumar Chakma une république (Chowdhury, 2017 ; Mohsin, 1997). Un point rapproche cependant l'argumentaire utilisé par ces leaders. Ils mettent pour la première fois en avant, ce qui se comprend dans le contexte de la partition, l'appartenance des populations des Hill Tracts au bouddhisme ou à l'hindouisme et leur refus d'appartenir à une nation musulmane (Chowdhury, 2017). Mais en position de faiblesse et divisés, ils n'ont guère pesé sur les décisions prises à leur égard au moment du partage de l'Inde.

---

[69] Le parti du Congrès, dont les leaders les plus connus sont Nehru, Gandhi et Patel, a lutté pendant toute la première moitié du XXe siècle pour obtenir l'indépendance de l'Inde. Il souhaitait le maintien de l'unité indienne.
[70] La Ligue Musulmane, dont le leader est Ali Jinnah, tentait en 1947 d'obtenir des Britanniques la création d'un État distinct pour les musulmans par crainte de la domination hindouiste.

Lorsqu'en 1947, le Royaume-Uni accorde l'indépendance à sa colonie indienne, les Chittagong Hill Tracts sont rattachés au Pakistan. Les Peuples des collines n'ont pas imaginé un instant qu'ils pourraient faire partie de cet État compte tenu de son fondement religieux et du fait qu'en 1947 les musulmans ne représentent que 2 % de la population des Hill Tracts. Pourquoi cette solution a-t-elle été adoptée ? Comment les populations des Hill Tracts ont-elles vécu cet épisode ?

Les Britanniques, et tout particulièrement Lord Mountbatten[71], souhaitaient tracer, au plus vite, les frontières des deux États issus de la décolonisation, compte tenu de l'extrême tension qui opposait musulmans et hindouistes. Une commission, présidée par Lord Radcliffe, est alors chargée de dessiner les contours des deux États. La commission, assiégée par de nombreux groupes de pression, devait accomplir ce travail en six semaines. Les consignes données aux membres[72] de la commission chargée du Bengale (*Bengal Boundary Commission*) étaient souples pour ne pas dire évasives :

> « *Dessiner les deux parties du Bengale en vue de circonscrire les zones musulmanes et non musulmanes. En faisant cela, d'autres facteurs pourront être pris en considération* » (trad. libre[73]).

Ces ambigüités furent lourdes de conséquences (Van Schendel, 2005). Deux termes sont sujets à multiples interprétations. D'abord celui d' « *areas* » : à quelle échelle administrative les membres de la commission doivent-ils travailler ? Ensuite, que mettre sous la rubrique « *other factors* » et quelle importance leur accorder? Ainsi, concernant les Hill Tracts, les « *autres facteurs* » ont pesé très lourd. Il fallait doter l'aile orientale d'un port, qui vienne compenser la perte de Calcutta. Et ce port, Chittagong, devait avoir un arrière-pays substantiel, articulé à la vallée de la Karnafuli (Chowdhury et al., 2014 ; Mohsin, 1997 ; Van Schendel, 2005). Plus tard, Lord Radcliffe s'est justifié en soulignant aussi que les Hill Tracts étaient

---

[71] Dernier vice-roi de l'Inde.
[72] Composée de deux membres du Congrès, deux de la Ligue Musulmane et présidée par un Britannique.
[73] "Demarcate the boundaries of the two parts of Bengal on the basis of ascertaining the contiguous areas of Muslims and non-Muslims. In doing so, it will also take account of other factors".

mal reliés à l'Inde et que l'intérêt de ses populations était d'être rattachées au Bengale (Chowdhury, 2017 ; Hodson, 1985 ; Mohsin, 1997). Mais l'essentiel est sans doute ailleurs. Radcliffe souhaitait surtout offrir une compensation à la frustration pakistanaise relative aux territoires que la commission ne lui avait pas attribués dans le Pendjab (Hodson 1985 ; Mohsin 2003).

Carte 24 : Principe et réalité des frontières Inde-Pakistan oriental

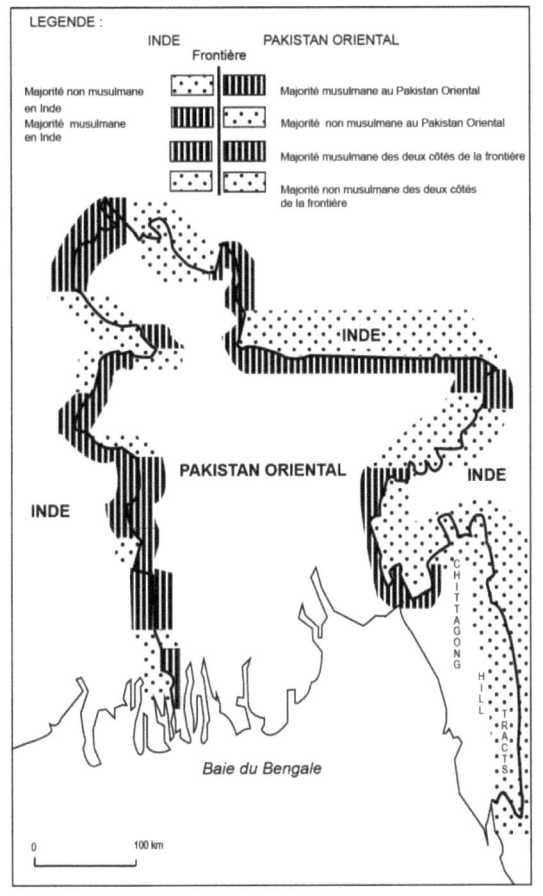

Carte réalisée par P. Nicolas, 2015 ; source : Van Schendel, 2005, p. 46.

À la fin de leur travail, les membres de la Commission ne purent se mettre d'accord. Ils s'en remettent alors aux arbitrages de Lord Radcliffe, qui connait très peu l'Inde. « *J'étais tellement dans l'urgence que je n'ai pas eu le temps de rentrer dans les détails* » reconnait Lord Radcliffe (Nayar, 1972). La carte 24 montre que le résultat obtenu est finalement loin des consignes, mêmes vagues, données par Radcliffe. Le 12 aout, trois jours avant la proclamation de l'indépendance, la commission achève son travail tout en gardant le secret sur ses conclusions. Nehru et Patel[74] apprennent cependant que les Chittagong Hill Tracts ont été rattachés au Pakistan ce qui provoque leur colère et les met en contradiction avec les promesses faites aux Peuples des collines (Chowdhury, 2017). Le schéma ci-dessous montre comment, une fois de plus, les représentations des principaux négociateurs concernant les Hill Tracts et leurs habitants ont joué en défaveur de ces derniers.

Graphique 6 : Comment les négociateurs de la partition de l'Inde se représentaient les CHT et leurs habitants en 1947

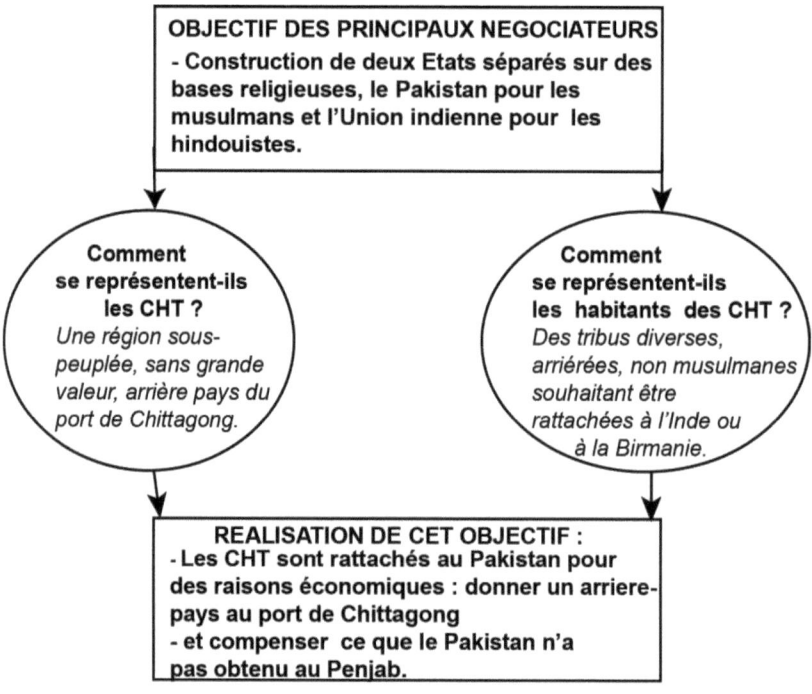

Mais il ne faut pas gâcher la fête, aussi, les conclusions de la commission ne sont pas rendues publiques. Le 15 août, jour de l'indépendance, dans l'ignorance du sort qui leur est réservé, les

---

[74] Leadeurs du parti du Congrès.

habitants de Rangamati saluent, dans la fête, l'indépendance et hissent le drapeau indien[75]. Quand le tracé des frontières est enfin officialisé, le 18 août, la surprise est totale pour les populations des Hill Tracts et provoque de vives protestations. Le 21, l'armée pakistanaise intervient pour rétablir l'ordre et imposer le drapeau pakistanais. Ce cafouillage initial sème le doute, aux yeux des nouveaux dirigeants pakistanais sur l'allégeance des populations autochtones au nouvel État. Il est l'acte de naissance d'une méfiance réciproque qui prendra de l'ampleur par la suite. Dans les régions où les populations hindouistes et musulmanes se sont senties menacées, des exodes massifs et souvent dramatiques s'enclenchent[76]. Les Chittagong Hill Tracts n'échappent pas à cette tragédie. Comme eux, des habitants des collines quittent leurs terres pour aller se réfugier en Inde ou en Birmanie. Cependant, la plupart d'entre eux se résignent à trouver place au sein d'un Pakistan fondé sur une appartenance religieuse qu'ils ne partageaient pas.

b. *L'autonomie menacée*

Les Peuples des collines intègrent donc en 1947 un État profondément original. C'est, pour la première fois dans l'histoire du XXe siècle, un État fondé sur une identité nationale à caractère religieux (un an avant la création de l'État d'Israël). Le nom même du nouvel État (*Pak* signifie pur, *Stan* signifie État) exclut d'emblée ceux qui ne seraient pas de « purs » musulmans. C'est ensuite un État formé de deux morceaux, distants de 1400 km : le Pakistan Oriental (42 millions d'habitants) et le Pakistan occidental (33 millions d'habitants). C'est enfin un État privé de la part centrale de l'héritage administratif colonial puisque la capitale se trouvait en Inde.

Jusqu'aux années 1960, l'autonomie accordée en 1900 par les Britanniques n'est pas remise en cause[77]. Cela ne s'est pas fait sans

---

[75] Rangamati est la capitale d'un des trois districts des Chittagong Hill Tracts. À Bandarban, capitale du district sud, c'est le drapeau birman qui a été hissé.

[76] Selon les Britanniques, il y eut 200 000 victimes et 2 millions selon les Indiens. Près de 15 millions de personnes ont été déplacées (Butalia, 2000).

[77] Les chefs coutumiers sont même progressivement intégrés dans la structure étatique. Pourtant, un courant démocratique au sein des Peuples des collines réclame la fin des fonctions héréditaires de la hiérarchie coutumière (dewan, talukdar) (Van Schendel et al., 2001).

tension. Hana Ahmed (2017) suggère que le traumatisme, généré par la partition, a rendu les États du subcontinent très méfiants vis-à-vis de toute demande d'autonomie de leurs populations indigènes. Le projet initial du nouveau gouvernement est d'ailleurs d'y mettre fin. Cependant, quand l'Inde et la Birmanie mettent en place, juste après l'indépendance, une pression internationale pour obtenir que les réfugiés des Hill Tracts puissent retourner chez eux, ce que beaucoup refusaient sans la garantie de l'autonomie, le Pakistan cède. Il rétablit le statut d'autonomie accordée en 1900. Pourtant en 1955, peu confiant dans la fidélité des forces de la police des Hill Tracts, le gouvernement retire le droit[78] pour les Peuples des collines d'avoir leur propre force de maintien de l'ordre (Mey, 1984 ; Roy et Gain, 2000). Malgré cela, la situation d'autonomie est ratifiée par la constitution pakistanaise de 1956.

Cependant, le gouvernement du Pakistan est imprégné de l'idéologie, venue en partie d'occident, qui veut que la construction d'un État moderne passe par la mise en place d'une administration centralisée, capable de renforcer l'unité de la nation et de créer l'indispensable « *identité nationale* ». Dans ce cadre, l'existence d'une région autonome représente un héritage du passé dont il faut se défaire. Par ailleurs, les classes dirigeantes perçoivent les tribaux *« comme des populations attardées [...] qui ont préservé leurs cultures inchangées depuis des temps immémoriaux »* (Van Schendel, 1992, p.103). Leur ancrage dans des traditions les empêcherait d'entrer dans la modernité. Face à eux, seule une administration centralisée et maitresse de la totalité de son territoire est capable de mener à bien des projets de développement moteur de progrès. Aussi consulter des populations considérées comme attardées entrave ou ralentit l'action de l'État. En résumé, comme l'écrit Wolfgang Mey (1984) :

> *« La supposée infériorité et arriération des minorités justifie l'intégration forcée dans l'État-nation au nom du progrès et du développement »* (p. 101, trad. libre).

---

[78] Droit acquis en 1881, sous l'Empire britannique.

c. *Le tournant de Kaptaï*

La construction du barrage hydroélectrique[79] de Kaptaï, au cœur du district de Rangamati (cf. carte 3), est emblématique de ce nouvel état d'esprit. Face à ce projet, aucune consultation des populations concernées n'a été effectuée ; pas d'étude non plus de l'impact social du barrage selon Amena Mohsin (1997). En 1957, la construction du barrage commence et les violences qui l'accompagnent provoquent une première émeute en 1961.

C'est en 1960 que le barrage de Kaptaï[80] est mis en eau, submergeant plus de 1000 km² de terres jummas (40 % des terres cultivables des Chittagong Hill Tracts). Cela provoque l'exode forcé des 100 000 habitants (18 000 familles) présents sur le site ce qui représente un tiers de la population jumma (Adnan, 2004 ; Debbarma, 1993 ; Mohsin, 1997; Roy, 2004 ; Shelly, 1992). 10 000 d'entre eux choisissent l'exil et s'installent, en Inde, dans l'État de l'Assam ou de l'Arunachal Pradesh[81].

Environ 60 % de ceux qui furent dépossédés de leurs terres ne reçurent ni indemnisation, ni terres de substitution (Anti-slavery Society, 1984). L'idée, déjà largement répandue par les Britanniques, que les Peuples des collines étaient des populations « nomades[82] » et donc sans attaches foncières a été largement utilisée pour justifier l'absence de compensation (Mohsin, 1997). Ceux qui ont eu la chance d'en recevoir furent installés dans la réserve forestière de Kassalong

---

[79] Il répond à plusieurs objectifs : produire de l'électricité pour industrialiser le Pakistan oriental, mais aussi contrôler le débit de la rivière Karnafuli, développer un plan d'eau navigable et par ce biais accélérer l'évacuation des grumes, enfin, développer la pisciculture.

[80] Derrière ce barrage s'étend ce qui a été un temps, avec ses 11 000 km², le plus grand lac artificiel d'Asie (Sibérie non comprise). Sa capacité de production est de 230MW.

[81] Ils y ont été apatrides jusqu'en 2015.

[82] En réalité, seules les cultures sont nomades mais les villages sont fixes et les habitants, lorsque les terres jum sont éloignées, construisent des habitats provisoires qu'ils abandonnent ensuite.

avec des lots de 3 acres (alors que la moyenne des exploitations dans les vallées submergées était de 6 acres)[83].

De manière spontanée, d'autres ont établi leurs champs sur les collines proches. Cela a provoqué, dans les régions concernées, un raccourcissement des cycles[84] du jum et par voie de conséquence, la dégradation accélérée des sols. Les experts consultés recommandèrent alors le contrôle strict du jum. Leurs plans d'aménagement préconisaient le développement de plantations d'espèces forestières commercialisables et la réorientation de l'agriculture vers des productions horticoles. Ces plans étaient audacieux et auraient dû profiter aux Peuples des collines (Debbarma, 1993). Là où furent menées des expériences en ce sens, cela a abouti à des échecs pour les paysans autochtones concernés : endettement dans l'achat d'engrais et de produits phytosanitaires, productions sous-payées par les commerçants bengalis maitres des réseaux de commercialisation, et déséquilibre alimentaire provoqué par l'abandon des cultures vivrières. Les paysans qui résistèrent à ces plans de développement furent menacés, parfois même emprisonnés (Mey, 1984). Accélérant encore la pression foncière en 1962, des Bengalis s'emparent de terres jum, perçues comme incultes, avec le soutien implicite du gouvernement (Anti-slavery Society, 1984).

Ce barrage aurait pu contribuer à un développement économique dont les populations locales auraient profité. Cela n'a pas été le cas. Pendant très longtemps et même encore aujourd'hui (cf. carte 11) l'électricité est chichement distribuée dans les Hill Tracts et l'usine de pâte à papier de Karnafuli, grande consommatrice d'électricité, n'employait en 1978 que quarante autochtones sur ses six-mille employés (Anti-slavery Society, 1984). Les possibilités de transports offertes par le lac ont aussi accéléré l'exploitation forestière mais celle-ci échappe presque totalement aux Peuples des collines (Mey, 1984).

La situation économique des populations autochtones des Hill Tracts s'est donc aggravée. De plus, le barrage a profondément perturbé

---

[83] Des colons bengalis furent aussi transférés dans cette réserve où ils reçurent, selon David Sopher (1964), les meilleures terres.
[84] Les durées de jachère passant de 10-15 ans à 3-5ans (Mohsin, 1997).

l'organisation sociale de ces populations. Symbole matériel de cette situation douloureuse, la ville de Rangamati, capitale de la région (avec le palais royal chakma) fut engloutie. Tout fut reconstruit par la suite sur les berges du lac. Face au barrage émergent donc des associations de défense des autochtones (*Hill Students' Association* et en 1966, *CHT Welfare Association,* organisation clandestine)[85] (Van Schendel, 1992) qui annoncent les luttes à venir.

Que reste-t-il du statut d'autonomie hérité de la période coloniale ? Jusqu'en 1962, les Hill Tracts sont considérés par les pouvoirs anglais puis pakistanais comme une *excluded area*[86] où, comme le montre l'épisode de la construction du barrage, l'autonomie apparait de plus en plus fictive. Dans la Constitution de 1962, la région devient une *tribal area*[87]. Si certains droits restent reconnus aux autochtones, la nouvelle constitution réduit la portée des pouvoirs des chefs traditionnels (Roy et Gain, 2000). C'est en 1964, que le gouvernement du Pakistan, à la demande de l'élite bengalie (Mohsin, 1997) traduit en droit ce que la construction du barrage avait déjà manifesté dans les faits et met fin, dans la constitution, au statut d'autonomie des Hill Tracts. Les restrictions concernant l'arrivée de populations étrangères aux Hill Tracts sont levées (Zahed, 2013). Si l'on ajoute le développement des moyens de communication, stimulé par la construction du barrage, on comprend que cela accélère l'arrivée massive de Bengalis (Mey 1984 ; Mohsin 1997). Ceux-ci accentuent leur mainmise sur les transports et le commerce. Dans l'administration de la région, les locaux sont massivement remplacés par des Bengalis. Et, dès 1964, la région est interdite à tout observateur étranger (Mey, 1984).

Ainsi, pour la deuxième fois, les populations autochtones des Hill Tracts subissent des choix imposés de l'extérieur. Intégrées contre leur gré, en 1947, dans un État qu'elles n'ont pas choisi, les voilà, sans réelles compensations, privées d'une part importante de leurs terres en raison de choix économiques extérieurs à leur région. Chacun de ces épisodes a provoqué un exode massif. Désormais, l'autonomie toute relative dont disposait leur région ne les protège plus des convoitises

---

[85] Elles seront dissoutes en 1972 pour laisser place au *PCJSS* (cf. 3c.)
[86] Une zone à part, à l'écart.
[87] Une zone tribale.

extérieures. Le graphique 7 résume la situation de domination connue par les Peuples des collines pendant la période pakistanaise.

Graphique 7 : La mise à l'écart des peuples des collines sous l'administration pakistanaise

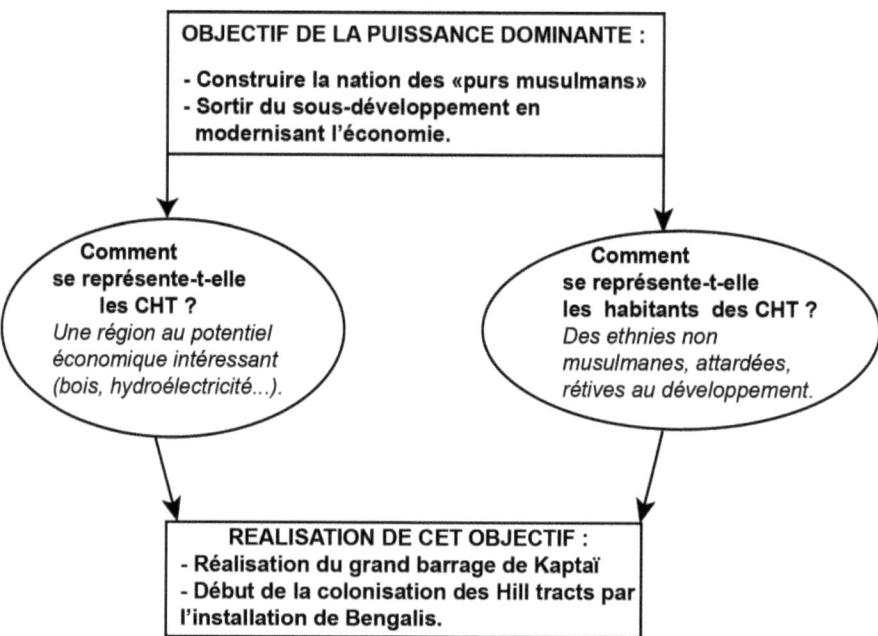

Tout cela laisse des traces profondes dans la mémoire de ces peuples et explique les actes posés par leurs leaders au moment où le Pakistan oriental fait sécession et devient le Bangladesh.

3. Le Bangladesh refuse l'autonomie et installe des colons dans les Hill Tracts

a. *Quelle place pour les Peuples des collines dans le nouvel État ?*

L'indépendance du Bangladesh en 1971 allait-elle permettre aux Peuples des collines de recouvrer l'autonomie perdue ?

La violence des affrontements et les souffrances accumulées (cf. encadré 4) expliquent l'ambiance de règlements de comptes qui a suivi la guerre. Dans ce contexte, les nationalistes bengalis ont émis des doutes quant à l'attitude patriotique des Peuples des collines. L'attitude de ces populations a été très diverse (Van Schendel, 2016), certains évitant de prendre parti, d'autres ont soutenu activement le mouvement pour l'indépendance espérant voir cesser dans le nouvel État leur situation d'oppression (Anti-slavery Society, 1984). Ainsi, Manabrendra Narayan Larma, seul Autochtone (Chakma) élu au sein du nouveau parlement, collectait des fonds pour le mouvement de libération du Bangladesh. Des témoignages montrent pourtant que les Bengalis accueillaient avec beaucoup de méfiance ces soutiens, qu'ils empêchaient parfois même les Autochtones de rejoindre le mouvement de libération (Mey, 1984 ; Mohsin, 1997). Quelques-uns, il est vrai autour du roi des Chakmas[88] ont pris fait et cause pour le Pakistan occidental. L'armée du Pakistan a même recruté des soldats parmi ces populations.

Encadré 4 : La naissance du Bangladesh

Pakistan occidental et Pakistan Oriental, distants de 1 400 km, forment un État unique mais assez artificiel. Dès l'origine, des tensions vives existent au sujet de la langue nationale que doit adopter le nouvel État. Devant le choix des premiers gouvernements d'imposer l'urdu, les Bengalis du Pakistan oriental manifestent vigoureusement en 1952 ; la répression est violente lors de la journée du 21 février où des affrontements ont lieu entre policiers et étudiants. Parmi ces derniers, cinq sont tués[89] (Uddin, 2006 ; Van Schendel, 2009). Le mécontentement grandit encore, dans les années 1960, au sein des populations bengalies de l'aile orientale qui s'estiment victimes de discriminations politiques, économiques et linguistiques croissantes sous la férule du dictateur Ayub Khan (1958-1969).

Il est vrai que toute l'activité économique de l'État est organisée en faveur de l'aile occidentale du pays qui reçoit l'essentiel des investissements. Entre les deux morceaux du Pakistan, qui disposaient d'une situation économique comparable en 1948, l'écart se creuse dans les années 1960, aux dépens de l'aile orientale. C'est l'*Awami*

---

[88] Raja Tridiv Roy fut un des deux parlementaires non Bengalis élus à l'Assemblée nationale pakistanaise en 1970. Pendant la guerre civile, le Pakistan l'a envoyé rechercher des fonds auprès des pays bouddhistes de la région. Il deviendra ministre du Tourisme du gouvernement présidé, en 1988, par Benazir Butho puis ambassadeur du Pakistan en Argentine. Il a vécu en exil au Pakistan jusqu'à sa mort.
[89] Un mémorial a été construit là où les étudiants ont été tués et constitue un des lieux de mémoire majeur du nationalisme bengali.

> *League* dirigé par Mujibur Rahman qui anime le mouvement de contestation et réclame l'autonomie du Bengale. Les tensions aboutissent, à partir du 25 mars 1970, à une guerre extrêmement violente[90] au terme de laquelle, le 16 décembre 1971, le Bangladesh prend naissance. Cette guerre réactive les tensions entre le Pakistan et l'Inde (entrée en guerre au côté du Bangladesh, le 3 décembre 1971). Cela met cet affrontement au cœur de la guerre froide et de ses jeux d'alliances antagonistes. C'est l'appui de l'Inde et les pressions exercées par les grandes puissances qui rendent possible la reddition humiliante de l'armée pakistanaise (Boivin, 1996).

Tout cela a servi de prétexte, par la suite, pour considérer avec la plus grande défiance les autochtones des Hill Tracts. Sous couvert de recherche de traitres, les forces paramilitaires de l'*Awami League* terrorisent les villages autochtones. Un premier exode se produit donc pendant la guerre de libération du Bangladesh (vers l'Inde pour les Chakmas, Tripuras et Marmas et vers la Birmanie pour les Marmas). Dès 1972, l'armée du Bangladesh se déploie au sein des Hill Tracts.

Ainsi, en 1947, les Peuples des collines avaient été accusés d'être hostiles au Pakistan. En 1971, les forces de libération du Bangladesh puis le nouveau gouvernement qui en est issu leur reprochent... d'être pro-pakistanais !

b. L'autonomie refusée

Quel que soit le choix effectué, les Peuples des collines, exaspérés par les discriminations dont ils s'estimaient victimes, attendaient de ceux qui avaient mené le combat de libération du Bangladesh, qu'ils prêtent une oreille attentive à leur revendication d'autonomie. Aussi, une fois l'indépendance obtenue, Manabrenda Narayan Larma, élu au nouveau parlement, prend la tête d'une délégation qui rencontre Mujibur Rahman, le 15 février 1972. Il revendique la restauration du statut d'autonomie pour les Chittagong Hill Tracts sur la base du

---

[90] Le nombre de victimes reste très incertain. De sources bengalies, la guerre aurait fait trois-millions de victimes alors que les sources officielles pakistanaises avancent le chiffre de 26 000 victimes. Willem Van Schendel (2009) cite les estimations de Rudolph Rummel (*Genocide and mass murder since 1900*) qui évalue le nombre des victimes à 1,7 million. Michel Boivin (1996) chiffre à 8 millions ceux venus se réfugier en Inde.

« *Chittagong Hill Tracts Regulation Act de 1900* ». Il demande aussi que soit mis fin à l'arrivée, dans la région, de populations qui lui sont étrangères. Mujibur Rahman lui oppose une brutale fin de non-recevoir (Al Asan et Chakma, 1989). Comment expliquer ce geste ?

Tout d'abord, le nationalisme bengali, construit contre la domination du Pakistan occidental « urdu », n'a jamais cherché à associer à son combat les Peuples des collines. Dans ses fondements, ce nationalisme est centré sur la défense de la culture et des intérêts économiques bengalis. Comme le remarque Amena Mohsin (1997) :

> « *La soumission économique des Peuples des collines n'a jamais été sujette à problème pour les élites ouest pakistanaises. Les manifestes électoraux de l'Awami League en 1970, qui s'affichaient comme représentant la totalité de la population de l'Est Pakistan, ne prenaient aucune disposition concernant les Peuples des collines. L'Awami League était un parti politique de Bengalis et en tant que tel, ses préoccupations étaient centrées sur la nation bengalie* » (p. 102, trad. libre).

Mais plus encore, comme le souligne Amena Mohsin,

> *Les mêmes Bengalis qui avaient combattu pour leur autonomie politique et économique au sein de l'État pakistanais n'ont pas hésité à exploiter les Peuples des collines au nom de la nation et du développement national dans l'État-nation indépendant du Bangladesh* » (p. 107, trad. libre).

Même si le caractère plus séculier de ce nationalisme laisse un peu de place aux autres religions que l'islam, il reste un nationalisme qui par son axe culturel bengali reste fortement discriminant pour tous les adivasis[91] et pas seulement ceux des Hill Tracts. Le nom du nouvel État (Bangladesh signifie « terre de ceux qui parlent bengali ») appelle à l'assimilation ou à l'exclusion de ceux qui sont culturellement différents.

La démarche de la délégation des Hill Tracts a par ailleurs été perçue par le gouvernement du Bangladesh comme l'affirmation d'une volonté sécessionniste. Le refus du nouveau chef d'État du Bangladesh, selon Amena Mohsin (1997) :

---

[91] Terme qui désigne les populations tribales dans tout le subcontinent indien.

> « *peut être expliqué au nom de sa conception de ce qu'est un État moderne qui, pour lui, implique une homogénéité culturelle. De telles concessions, selon la perception des élites bengalies, risquaient de mettre en marche des tendances centrifuges et donc par ce fait d'entraver le processus de construction nationale* » *(trad. libre, p. 58).*

La constitution en préparation[92] au moment de l'entrevue, n'accordait pas de statut d'autonomie aux Chittagong Hill Tracts. La limitation de l'arrivée des Bengalis, n'est pas dans l'esprit de la constitution qui se prépare et qui stipule que les terres sont, dans tout le Bangladesh, régies par une loi commune. Celle-ci reconnaitra aussi le droit, pour tout citoyen du pays, de s'installer où bon lui semble (Debbarma, 1993).

c. *La montée du nationalisme au sein des Peuples des collines*

En 1948, Muhammad Ali Jinnah, premier chef d'État du Pakistan, en imposant l'urdu aux Bengalis, avait semé les graines du nationalisme bengali. De la même façon, Mujibur Rahman, en refusant d'accepter les Peuples des collines comme communauté distincte des Bengalis, sème les graines du nationalisme jumma. Le 17 février 1972, Manabrenda Larma crée un parti politique, le *PCJSS*[93], qui se dote d'une branche armée : les *Shantis Bahinis*[94], chargée au départ de défendre les villages contre les agressions dont les populations sont victimes dans le climat de règlements de comptes de fin de guerre.

Dans un discours qu'il prononce, en 1973, à Rangamati, Mujibur Rahman déclare que, désormais, « *les tribus accèdent au rang de Bengalis* ». Le 23 janvier 1974, le parlement vote un projet de loi faisant du Bangladesh « *a uni-cultural and uni-lingual nation state* ». La même année, au nom de cette même orientation, l'*Awami League* fait adopter le principe du parti unique. Tout autre parti est automatiquement dissout et tous les parlementaires doivent adhérer à l'*Awami League* ce que Manabrenda Larma fut contraint de faire pour continuer à défendre les populations des Hill Tracts (Mohsin, 1997). Le régime, au départ parlementaire, dérive donc vers un régime

---

[92] Elle est adoptée le 4 novembre 1972.
[93] Parbattya Chattagram Jana Samhati Samiti (Parti populaire unifié des Chittagong Hill Tracts).
[94] Signifie « armée de la paix » en chakma.

présidentiel à caractère autoritaire, Mujibur Rahman prétextant de son rôle de garant de l'unité nationale pour justifier cette évolution (Riaz, 2016). Les oppositions, et bien sûr celle menée par Manabrenda Larma, perdent toute possibilité d'expression. En 1975, une seconde délégation des Hill Tracts, reçue par le ministre de la Justice, renouvèle la même demande d'autonomie. Pour toute réponse, l'armée brule des villages et met en prison certains habitants (The Chittagong Hill Tracts Commission, 1991 ; Mey, 1984).

d. Du nationalisme bengali au nationalisme bangladeshi

La tension franchit un cran supplémentaire lorsque Mujibur Rahman est assassiné, le 15 aout 1975, lors d'un coup d'état militaire qui se fait au nom de la « *République islamique du Bangladesh* » (encadré 5). La situation demeure instable et, suite à trois coups d'états successifs, le major général Zia Ur Rahman émerge comme l'homme fort du nouveau régime[95]. Il remporte les élections présidentielles le 3 juin 1978[96]. L'armée est désormais aux commandes et le restera jusqu'en 1991. Zia, pour se concilier l'opinion publique bengalie, accentue l'islamisation du régime[97] (Van Schendel, 2009).

---

[95] cf. encadré 5 pour situer cet épisode dans le contexte politique du Bangladesh.
[96] Il crée son propre parti, le *Bangladesh Nationalist Party* (*BNP*). À l'origine cependant, l'*Awami League* a des orientations plus socialistes, plus laïques et moins conservatrices que le *BNP*.
[97] La première constitution du Bangladesh, celle de 1972, était fondée sur le principe du sécularisme que Mujibur Rahman définissait ainsi devant le parlement, en 1972 : « *le sécularisme ne signifie pas absence de religion. Les hindouistes peuvent observer leur religion, les musulmans peuvent observer leur religion, les chrétiens et les bouddhistes peuvent observer leurs religions. Personne ne peut s'autoriser à interférer dans les autres religions. Le peuple du Bengale ne veut aucune interférence en matière religieuse. La religion ne peut pas être utilisée à des fins politiques* », cité par Amena Mohsin (1997, p. 60, trad. libre).

Encadré 5 : Chronologie politique du Bangladesh en 9 phases[98]

1. Démocratie parlementaire (1971-1975) :
    - Figure politique dominante : Sheikh Mujibur Rahman
    - Parti dominant : *Awami League* (créée en 1949)
    - Se termine par un coup d'état par Sheik Mujibur Rahman
2. Autocratie civile (1975)
    - Figure politique dominante : Sheikh Mujibur Rahman
    - Parti dominant : *Baksal* créé par Sheikh Mujibur Rahman
    - Se termine par l'assassinat de Sheikh Mujibur Rahman (coup d'État militaire)
3. Autocratie militaire (1975-1981)
    - Figure politique dominante : Zia Ur Rahman
    - Parti dominant : *Bangladesh Nationalist Party (BNP)* créé par Zia Ur Rahman
    - Se termine par l'assassinat de Zia Ur Rahman
4. Autocratie militaire (1982-1990)
    - Figure politique dominante : Hussain Ershad
    - Parti dominant : *Jatyo Party* créé par Hussain Ershad
    - Se termine par un soulèvement populaire, Ershad obligé de démissionner
5. Démocratie parlementaire (1991-1996) :
    - Figure politique dominante : Khaleda Zia
    - Parti dominant : *Bangladesh Nationalist Party*
    - Se termine par des élections
6. Démocratie parlementaire (1996-2001) :
    - Figure politique dominante : Sheikh Hasina
    - Parti dominant : *Awami League*
    - Se termine par des élections
7. Démocratie parlementaire (2001- 2006) :
    - Figure politique dominante : Khaleda Zia
    - Parti dominant : *Bangladesh Nationalist Party*
    - Se termine par la prise de contrôle par un gouvernement intérimaire soutenu par l'armée
8. Gouvernement intérimaire soutenu par l'armée (2006-2008)
    - Figure politique dominante : Fakhruddin Ahmed
    - Se termine par des élections
9. Démocratie parlementaire (2009-) :
    - Figure politique dominante : Sheikh Hasina

---

[98] D'après Van Schendel (2009, p. 200-201) complété par mes soins pour la période 2008-2016.

L'orientation séculariste mise en œuvre par *l'Awami League* heurtait, en effet, une partie des Bengalis[99]. Zia lève l'interdiction qui frappe les partis religieux islamistes depuis l'indépendance en raison de leur collaboration avec le Pakistan au moment de la guerre de 1971. Même s'il a participé à la guerre de libération du Bangladesh, il s'éloigne, seulement cinq ans après la guerre, des formes du nationalisme qui ont conduit à cette guerre. Ce nouveau nationalisme se définit comme bangladeshi – et non bengali - ce qui donne de l'importance à la dimension territoriale et élimine la référence à un peuple (Mohsin, 1997).

Pour les Peuples des collines, le problème se déplace. La nouvelle constitution est bâtie autour des racines islamiques de l'État (Uddin, 2006). Elle marginalise donc tous ceux qui ne partagent pas cette religion. De plus, le caractère territorial de ce nationalisme rend le nouveau régime très sourcilleux sur la défense de ses frontières d'autant que ses relations se sont refroidies avec l'Inde. Totalement enclavé par l'Inde, cet État vit une relation obsessionnelle à ses frontières[100]. Les militaires au pouvoir sont donc peu enclins à accepter des dissidences sur les marges de l'État. Le nouveau gouvernement interdit le *PCJSS*. Se sentant menacé, Larma, qui a perdu toute confiance dans l'évolution politique du régime, fuit en Inde, dans l'État du Tripura.

En résumé, les Peuples des collines ont été exclus, sous Mujibur Rahman, parce que de culture non bengalie et suspectés de ne pas avoir été de fervents nationalistes pendant la guerre ; les voilà exclus maintenant parce que non musulmans et habitant une zone frontière sensible à l'heure où les relations se tendent avec l'Inde. La soumission ou l'épreuve de force : les Jummas[101] sont acculés et vont, pour certains, refuser la soumission.

---

[99] En outre, beaucoup avaient mal accepté l'alliance avec l'Inde au moment de la guerre d'indépendance, craignant un retour en force des hindouistes (Uddin, 2006).
[100] Sur les frontières Inde-Bangladesh, voir l'article en ligne de Samuel Berthet : les flux contrariés du Bengale, du 15 décembre 2016 : http://www.laviedesidees.fr/Les-flux-contraries-du-Bengale.html, consulté le 10/03/2017
[101] Nous montrerons (cf.7.a) que la guerre a conduit à la naissance d'un nationalisme qui s'est défini comme jumma. J'utilise donc ce terme désormais pour ceux que j'ai désignés jusqu'ici comme Peuples des collines ou *Paharis* ou Autochtones des Hill Tracts.

4. Vingt années de guerre

a. Militarisation et colonisation des Hill Tracts

Face à l'occupation militaire qui se renforce, Manabrenda Larma et ses hommes entrent en clandestinité en 1976 et engagent, en 1977, l'insurrection armée contre le gouvernement. Ils bénéficient du soutien de l'Inde, agacée de l'aide apportée par le Bangladesh, aux insurgés des États du nord-est de l'Inde (The Chittagong Hill Tracts Commission, 1991). Les premiers camps militaires sont construits. Le nombre de postes de police se multiplie (12 en 1976, 28 en 1980 selon Anti-slavery Society, 1984). Selon Amnesty International, entre 20 000 et 100 000 soldats sont engagés dans les combats[102]. L'État bangladeshi ne voit donc que l'usage de la force pour mettre à genoux l'insurrection jumma.

Cette guerre « non déclarée », selon l'expression de Wolfgang Mey, renforce la position de l'armée dans la région qui « *commence à agir indépendamment de l'administration civile* » (Mey, 1984, p. 29, trad. libre). Ce sont les militaires et non l'administration qui progressivement prennent en charge la construction de routes, d'écoles, et les projets locaux de développement (The Chittagong Hill Tracts Commission, 1991). En décembre 1980, le *Disturbed Area Act*, voté par le parlement, donne le droit aux militaires et aux agents de l'administration d'arrêter et de faire feu sur toute personne engagée dans des activités illégales portant préjudice à la souveraineté ou à l'intégrité du Bangladesh.

Pour renforcer sa mainmise sur les Hill Tracts, le gouvernement met en œuvre un plan de colonisation de la région par des paysans sans terre bengalis venus du delta[103]. Dès 1979, 30 000 familles sont installées autour de Rangamati et de Kaptaï au centre, dans les vallées de la Feni, de la Chengi et du Myani au nord, dans les upazilas de Bandarban, Lama et Naykhyangchari au Sud (Mohsin, 1997). En 1984, Anti-slavery Society rend public un mémorandum secret,

---

[102] L'International Work Group for Indigenous Affairs (et al., 2012) chiffre à 50-60 000 le nombre de personnels armés présents dans les Hill Tracts.

[103] Déjà, immédiatement après la guerre, des colons bengalis avaient profité des troubles pour venir s'installer autour de Ramghar sur des terres abandonnées par des Chakmas, des Marmas ou des Tripuras, partis se réfugier en Inde (Mey, 1984).

envoyé au *Deputy Commisionner* des Hill Tracts, précisant les conditions de recrutement et d'installation de ces familles. Une seconde vague de 100 000 colons suit à partir d'aout 1980, puis une troisième de 250 000 colons débute à partir de juillet 1982 (Mey, 1984 ; Mohsin, 1997). Pour le gouvernement, ces terres appartiennent à l'État. Aux yeux des colons, il s'agit souvent de terres incultes, alors que, pour les Jummas, ce sont des terres jum en légitime jachère.

Ainsi, entre 1971 et 1982, plus de 400 000 colons (Arens, 2011 ; Debbarma, 1993 ; Mohsin, 2000 ; Panday et Jamil, 2009) s'installent dans les Hill Tracts. L'armée les invite à se doter de milices pour se protéger des *Shantis Bahinis* et leur fournit des armes. Le gouvernement leur octroie des terres, du bétail, une allocation, des matériaux de construction, etc. (Adnan, 2004 ; Panday et Jamil, 2009). Les autorités du Bangladesh présentent la colonisation (et la guerre qui en résulte) comme une conséquence tragique du surpeuplement du Bangladesh[104]. Cet argument peut convaincre les opinions occidentales et certaines ONG pour qui le Bangladesh doit sa pauvreté aux catastrophes naturelles, souvent médiatisées, qui s'abattent sur le pays et à sa surpopulation (Poncelet, 2010). Il apparait donc normal de coloniser un espace sous-peuplé. Amena Mohsin (1997) conteste cet argument.

Elle explique qu'

> *« une société qui pratique l'agriculture itinérante sur brulis avec des périodes de jachères de 2 à 5 ans peut supporter une densité de 25 à 50 personnes par sq. mile[105]. La densité de population dans les Chittagong Hill Tracts était en 1988 de 140 personnes par sq. mile et la durée des jachères a été réduite à 2-3 ans. Il est donc évident que la notion d'espace vide concernant les collines est un mythe. Sa propagation a permis cependant à l'État d'établir 400 000 colons bengalis dans les collines »* (trad. libre, p.115)

---

[104] Les 400 000 colons bengalis ne représentent qu'une infime part de l'excédent de population du Bangladesh (40 millions d'accroissement de la population depuis l'indépendance).
[105] Un square mile équivaut à environ 2,6 km^2. Cela représente donc des densités de 10 à 20 hab/km^2.

Par ailleurs, s'il y avait tant de terres disponibles, comment expliquer qu'en 1960, quand le barrage de Kaptaï a été mis en eau, le gouvernement pakistanais se soit trouvé dans l'incapacité d'offrir des terres de substitution à deux tiers des agriculteurs jummas expulsés et à plafonner à cinq acres les terres attribuées au dernier tiers des Jummas dépossédés. La colonisation a donc d'autres objectifs : le premier est stratégique : créer une ceinture non tribale le long de la frontière avec l'Inde et le second économique : maitriser les richesses potentielles des Hill Tracts où le gouvernement espère la présence de gaz ou de pétrole (Arens, 2011).

b. La guérilla des *Shantis Bahinis*

Face à l'armée et aux colons, le combat des *Shantis Bahinis* est déséquilibré. Ils sont peu nombreux : 5000 selon *Amnesty International*, 15 000 selon les *Shantis Bahinis* eux-mêmes. Ils disposent de quelques atouts cependant. Beaucoup sont éduqués et appartiennent à la classe moyenne émergente (étudiants, instituteurs, etc.). Leur atout majeur, comme dans beaucoup de guérillas analogues, est leur connaissance du terrain. Cette région de collines et de forêts est propice aux combats d'escarmouches. Aussi procèdent-ils par embuscade. Certains s'en prennent aussi directement aux colons bengalis récemment installés (Arens, 2011). Ils se battent avec des armes récupérées, pour la plupart, à la fin du conflit avec le Pakistan[106]. La proximité des frontières indiennes ou birmanes permet un repli aisé des combattants. Ils ont, en particulier, une base arrière dans le Tripura où se trouvent beaucoup de réfugiés qu'ils ont aidés dans leur fuite et qui, de ce fait, leur sont redevables. L'aide aux réfugiés est ainsi un des axes de leur stratégie.

Qu'en est-il des aides extérieures dont disposent les *Shantis Bahinis* ? On pourrait s'attendre à des alliances avec les guérillas des États voisins de l'Inde. En réalité, les liens sont peu nombreux et fragiles. Ainsi, les Mizos, aux frontières orientales des Hill Tracts, ont depuis 150 ans, des relations tendues avec les Chakmas qu'ils ne considèrent

---

[106] Les Shantis Bahinis ont également kidnappé, en 1981, un travailleur australien participant à la construction de routes ce qui a conduit à l'abandon du projet. En 1984, ils ont fait de même avec cinq employés de la société Shell ce qui a, là aussi, obligé la compagnie à mettre un terme à son activité dans la région (Mey, 1984).

pas comme d'authentiques Peuples des collines. L'afflux de réfugiés, dans le Mizoram, ajoute une raison supplémentaire de tensions[107]. Les autorités du Bangladesh, qui ont continué à armer les Mizos, comme le faisait le Pakistan, depuis Chittagong, ont tout fait ensuite pour attiser les tensions entre ces deux groupes qui ont alterné les périodes d'affrontements et de trêves empreintes de méfiance réciproque.

C'est plutôt auprès des rebelles autochtones du Tripura du *TNV*[108], que les *Shantis Bahinis* ont trouvé des soutiens. Eux aussi sont menacés dans le maintien de leur culture en raison de la politique de « détribalisation » du gouvernement du Tripura. Les Hill Tracts leur ont servi de sanctuaire et de lieu d'entrainement. En Birmanie, quelques relations sont esquissées avec les mouvements rebelles de l'Arakan. Ils ont des bases arrière dans les Hill Tracts. Ces liens sont cependant très ténus, la Birmanie comme le Bangladesh surveillant fermement leurs frontières.

Quant à l'Inde, elle a apporté un soutien momentané (armes, munitions) aux *Shantis Bahinis* après le renversement de Mujibur Rahman en 1975 (The Chittagong Hill Tracts Commission, 1991). Mais ces livraisons ont pris fin en 1977, après la chute d'Indira Gandhi et le seul appui de l'Inde fut dès lors l'acceptation de la présence d'un bastion *Shanti Bahini* dans l'État du Tripura. On peut comprendre que l'Inde, affrontée à de multiples rebellions autonomistes ou sécessionnistes, n'ait guère intérêt à verser de l'huile sur le feu au Bangladesh. Dans les années 1980, l'intérêt des trois grands États concernés est donc d'éviter de gêner son voisin dans sa lutte contre ses rebelles. Inde et Birmanie souhaitent un contrôle réel des Hill Tracts où se réfugient des guérillas qui leur sont hostiles. La guérilla jumma est donc bien isolée dans son combat et, quoiqu'en dise la propagande du gouvernement du Bangladesh, elle ne bénéficie d'aucune aide matérielle extérieure conséquente. Le lien entre les guérillas, souvent dénoncé, est donc un mythe tout autant que le caractère communiste de la lutte menée (Mey, 1984).

---

[107] Le contentieux s'est alourdi lors de la période pakistanaise. Avant 1971, la guérila mizo (*Mizo National Front* : *MNF*) recevait secrètement l'aide de l'État pakistanais, abritant les rebelles dans les Hill Tracts, leur assurant la livraison d'armes par le port de Chittagong (Debbarma, 1993 ; Mey, 1984 ; Van Schendel, 2016).
[108] *Tripura National Volunteers*.

Carte 25 : La région N-E de l'Inde zone d'instabilité politique

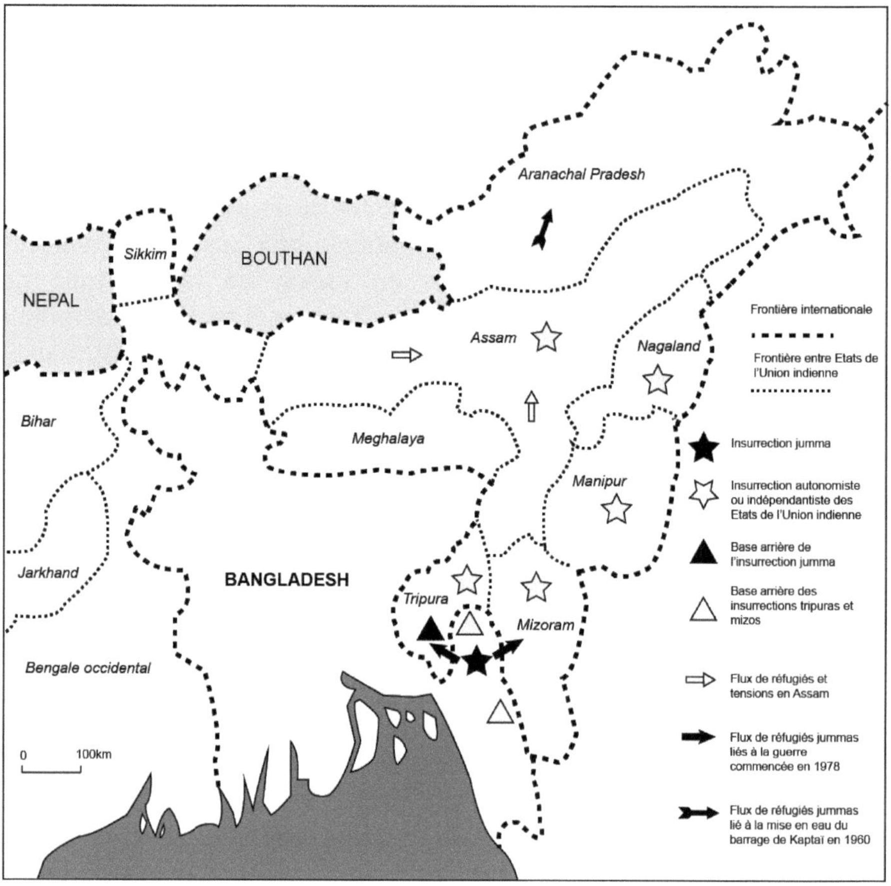

Carte réalisée par P. Nicolas, 2015, élaboration personnelle.

c. Un combat inégal

Le combat est donc inégal d'autant que l'armée du Bangladesh utilise tous les moyens pour venir à bout de l'insurrection. Les organisations internationales de défense des droits de l'homme dénoncent les nombreuses violations (massacres de masse[109], viols, tortures…) dont sont victimes non seulement les *Shantis Bahinis*, mais aussi les populations civiles (Anti-slavery Society, 1984 ; Amnesty

---

[109] Bablu Chakma (2010), croisant différentes sources, dresse un tableau de onze massacres de masse perpétrés par l'armée entre 1979 et 1993.

International, 1986 ; Survival International, 1988). De multiples témoignages précisent que dans la recherche des *Shantis Bahinis*, les méthodes des militaires sont extrêmement violentes. Les villages sont encerclés, des écoles sont brulées[110], les hommes jeunes arrêtés, emmenés dans les camps militaires ou au poste de police le plus proche, parfois exécutés, souvent torturés dans le but d'obtenir des renseignements (Arens, 2011). Les champs sont fréquemment saccagés dans le but de couper les vivres aux insurgés (Arens, 2011). Au cours de ces expéditions, le viol est utilisé comme arme de guerre et vise à humilier les communautés autochtones[111]. Selon Wolfgang Mey (1984) :

> « *Le gouvernement du Bangladesh a fait circuler une lettre secrète à chaque officier actuellement en poste dans les Chittagong Hill Tracts, les encourageant à se marier avec des filles indigènes en vue de participer à l'assimilation de ces populations* » (p. 158, trad. libre).

On comprend, dans ces circonstances, que la région soit interdite à tout étranger[112] et que certains auteurs aient pu qualifier cet épisode de génocide (Arens, 1997 ; Levene, 1999 ; Mey, 1984)

Militaires et colons s'attaquent aussi aux valeurs culturelles et religieuses des Jummas. Ainsi, des temples bouddhistes ont été profanés, des moines arrêtés sans jugement et torturés et des autochtones fortement invités à se convertir à l'islam (The Chittagong Hill Tracts Commission, 1991 ; Zahed, 2013). Une mosquée et un centre culturel islamique ont été construits à Rangamati avec des fonds saoudiens (Debbarma, 1993). Là où les colons bengalis sont nombreux, des mosquées de village sont construites (Partha, 2016) et le chant des muezzins occupe l'espace sonore. Cette progression de l'islam est à mettre en lien avec la politique d'islamisation du régime suivie par le général Ershad, qui en 1988, fait de l'islam une religion

---

[110] C'est le cas de l'école de Boalkhali d'où sont originaires une partie des soixante-douze enfants dont il sera question dans le volume à paraitre : « *La fabrique d'une communauté transnationale, les Jummas entre France et Bangladesh* ».

[111] Les femmes bengalies avaient pourtant été, de la même façon, victimes des soldats pakistanais pendant la guerre de 1971. Chez les Bengalis comme chez les Jummas, les femmes victimes sont souvent rejetées par leur famille.

[112] Exception faite de quelques Français venus prospecter la présence de gaz ou de pétrole.

d'État. À cette époque, les partis religieux comme le *Jammat-e-Islamii* connaissent un essor sans précédent.

d. *Maitriser l'espace et les ressources*

Cette guerre se traduit également par la mainmise sur le territoire de l'armée et des colons et la destruction concomitante des ressources et des moyens de subsistance des populations indigènes. Lorsqu'en représailles aux actions des *Shantis Bahinis*, des villages sont incendiés, les populations se réfugient dans les forêts proches. Des colons s'emparent alors des récoltes et des terres. Cela se passe plutôt dans les vallées que les colons savent mieux cultiver. Les périodes d'exil, même courtes, dans les forêts proches, désorganisent la production agricole. Les prix des denrées de première nécessité augmentent d'autant plus que de nombreux check-points entravent les échanges commerciaux. Il résulte de tout cela une grave dégradation des conditions de vie des populations même quand elles ne sont pas touchées directement par la guerre.

L'armée et les colons bengalis prennent donc progressivement et méthodiquement le contrôle de l'espace (cf. photo 9 et carte-schéma 26). Dans un premier temps, la construction de routes permet l'acheminement des troupes et l'arrivée par camions de nombreux colons. Les camps militaires, le long des routes, et les postes de police dans les petites villes quadrillent le territoire et permettent de sécuriser l'installation de colons. Ceux-ci sont installés à proximité des bases militaires, dans des *clusters villages,* et constituent donc pour les militaires des boucliers humains les protégeant des attaques des Shantis Bahinis (The Chittagong Hill Tracts Commission, 1991). La maitrise de l'espace passe aussi par un contrôle des points hauts avec défrichement des sommets qui se traduit dans l'évolution du paysage.

Carte 26 : Schéma de la prise de contrôle de l'espace par l'armée et les colons bengalis dans les Hill Tracts entre 1979 et 1987

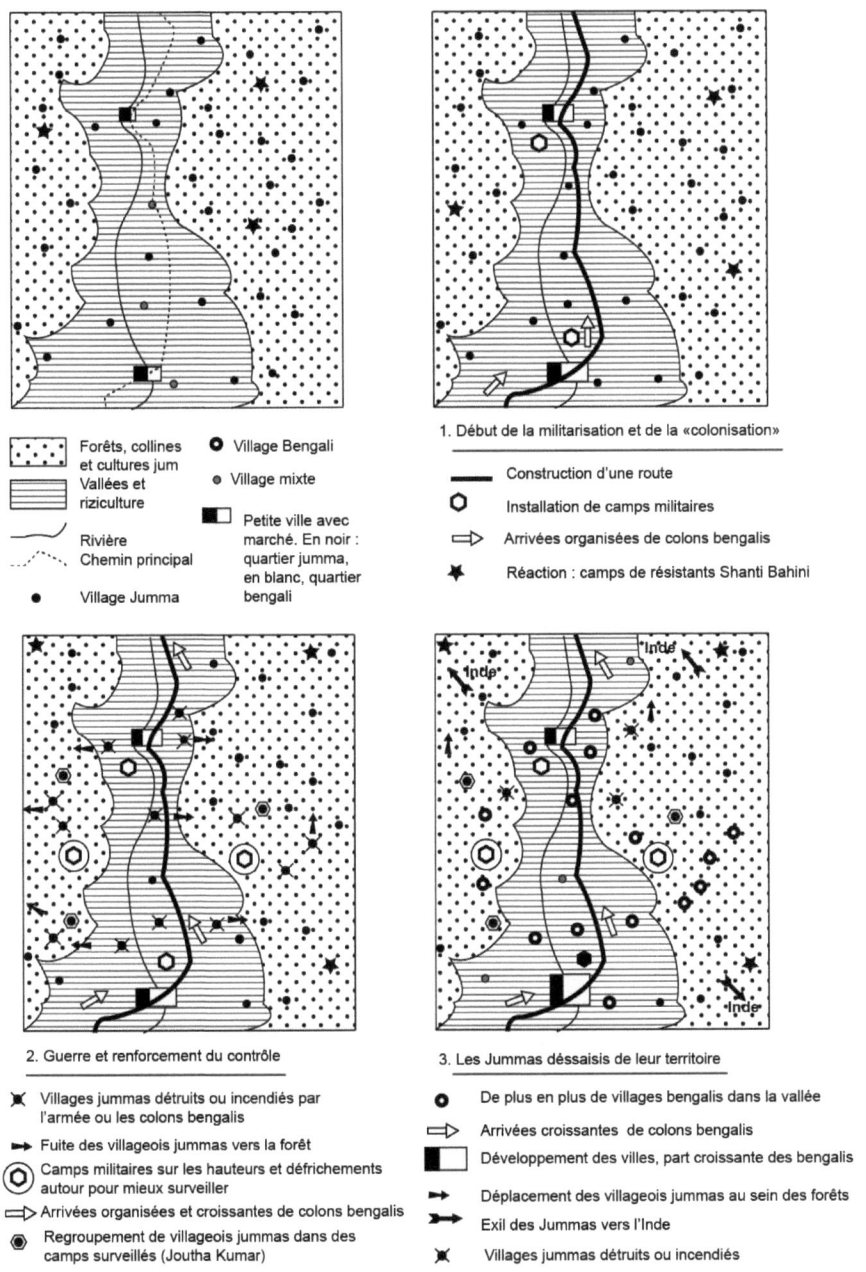

Réalisation : Paul Nicolas – élaboration personnelle – 2015.

Enfin, à l'instar de ce qui s'est fait ailleurs lors d'autres guerres asymétriques, l'armée regroupe de manière contraignante les villageois jummas dans des villages stratégiques appelés « *Joutha kumar* » (The Chittagong Hill Tracts Commission, 1991). L'objectif affiché est de générer le développement, mais il est aussi de couper les liens des autochtones avec l'insurrection (Arens, 2011). Ce programme démarre en 1979, il se structure en 1983 sous la forme d'un plan quinquennal de développement (soutenu par l'aide internationale). Cela masque le fait qu'il sert les intérêts de l'armée et des Bengalis (Arens, 2011 ; Mey, 1984).

Le gouvernement organise enfin le blocus économique de la région (Debbarma, 1993) et met en place un embargo sur le commerce des céréales et autres produits de première nécessité (y compris les médicaments) dans le but d'isoler encore les *Shantis Bahinis*. Des check-points sont installés pour vérifier la bonne application de ces mesures et limitent la liberté de circulation (Arens, 1997 ; Partha, 2016).

e. Fuir la guerre

Beaucoup de Jummas sont contraints de fuir pour échapper à la guerre. Dans un premier temps, ils gagnent les forêts proches. Mais certains, lassés par l'insécurité permanente, finissent par prendre la route de l'exode.

Souvent guidés par les *Shantis Bahinis*, ils franchissent la frontière indienne à l'est (40 000 dans le Mizoram en 1983) et à l'ouest (50 000 dans le Tripura en 1986) (Arens, 1997 ; D'Costa, 2010 ; Debbarma, 1993). Ils sont mal accueillis en Inde. En effet, des États du nord-est de l'Inde connaissent de multiples troubles dans les deux dernières décennies du XXe siècle. En Assam, au Manipur, au Nagaland, au Mizoram, en Arunachal Pradesh comme dans le Tripura (cf. carte 25, p.102), des rébellions sécessionnistes se combinent avec des mouvements de réaction violente face à l'afflux de réfugiés provoqué par cette instabilité. C'est pourquoi le Tripura, par ailleurs un des États les plus pauvres de l'Inde, a tenté de s'opposer par la force à l'arrivée de ces nouveaux réfugiés et a cherché à les renvoyer chez eux. Par la suite, sous la contrainte internationale, il finira par se résoudre à accueillir une partie de ces réfugiés dans cinq camps[113].

> **Encadré 6 : Témoignages sur la guerre recueillis auprès de certains des 72 Jummas venus en France en 1987**
>
> J'ai réuni ici quelques extraits de témoignages qui montrent comment ces Jummas[114] ont vécu la guerre (1977-1997). Bien sûr il s'agit de reconstructions à postériori qui ne disent pas la vérité de l'histoire de cette période, mais la manière dont elle est revisitée par chacun d'eux.
>
> Ainsi sur la façon dont l'armée et les colons maitrisaient les ressources et le territoire :
>
> *« En même temps que la route a été ouverte, les militaires étaient de plus en plus présents. Ils venaient tout le temps dans les villages ; ils prenaient les animaux gratuitement ou bien au lieu de 5 euros, ils te donnaient 1 euro et ils prenaient ».*
>
> *Victor, entretien 2013.*
>
> Les contrôles sur les marchés terrorisaient les populations qui hésitaient à s'y rendre. Sueiti Zadjian (2013), dans le récit qu'il fait de son enfance, raconte ainsi la peur de son père puis de sa mère pendant la guerre :
>
> *« Il a peur de se faire arrêter. Il a peur surtout de la torture. Quant à ma mère, elle a peur de se faire violer. Il n'est pas question que mes parents mettent les pieds au marché qui est devenu un quartier bengali. Et encore moins, mes grandes sœurs. La vie est devenue périlleuse pour les adultes »* (p. 85).
>
> La construction des routes, dans le nord des Hill Tracts, permet l'acheminement des troupes et l'arrivée par camions de nombreux colons.

---

[113] C'est depuis deux de ces camps que les soixante-douze jeunes jummas ont pris la direction de la France en 1987. Leur arrivée en France a contribué à la médiatisation d'une guerre restée jusqu'alors largement ignorée (voir l'ouvrage à paraître : « *La fabrique d'une communauté transnationale, les Jummas entre France et Bangladesh* »).

[114] J'ai changé les noms de chacun d'eux afin de préserver leur anonymat.

« *Depuis que la route est construite, je vois tous les jours des camions militaires transporter des colons bengalis. Ces colons seront bientôt plus nombreux que les Chakmas [...]. Les militaires les protègent en installant des postes dans chaque camp où s'établissent les colons. Pourquoi viennent-ils sur nos terres alors que nous en manquons ?* » (P. 91.)

Les camps militaires sont un élément clé du dispositif :

« *Les militaires allaient comme ça, ils se postaient, ils restaient la journée à cet endroit à surveiller d'un sommet. [...] Il n'y a que des ethnies et un camp militaire au milieu. Donc ça veut dire qu'ils ont l'intention de coloniser. Tout doucement, ils cherchent des terres, voilà !* »

Victor, entretien 2013.

Nienjoy a aussi, avec le recul, compris la stratégie de soutien aux réfugiés des *Shantis Bahinis* :

« *J'ai compris le système : la moitié se réfugiait pour en quelque sorte dénoncer le gouvernement du Bangladesh, dire que dans les Chittagong Hill Tracts, il y a des massacres, des viols, le non-respect des droits de l'homme, et l'autre moitié devait rester dans le Bangladesh... se battre pour avoir des terres et en même temps pour que les Shantis Bahinis puissent se nourrir. Si tous sont réfugiés, comment vont-ils se nourrir ?* »

Il revisite aussi l'épisode de l'exode vers l'Inde au moment où son père vient d'être relâché par l'armée.

« *Bon, une fois relâché mon père a dit : ce n'est pas la peine de rester. J'ai deux enfants. On est parti. On s'est réfugié dans les montagnes, dans les collines où on fait des cultures sur brulis. Ils vont moins là-bas les militaires, parce qu'à cette époque, ils avaient peur quand même un peu, ils ne rentrent pas dans la grande forêt parce qu'il y avait les Shantis Bahinis qui étaient armés aussi* ».

Nienjoy, entretien 2012.

L'exode n'est pas toujours improvisé.

« *Chacun prenait ce qu'il pouvait. Moi, je me souviens, j'avais pris la petite sœur sur moi. [...] À cette époque, j'avais 8-9 ans, donc j'avais en dessous trois petites sœurs. [...] On n'avait pas d'affaires de valeur [...] Le père, lui, en premier, ce qu'il a emporté, qui vraiment l'intéressait, c'est la nourriture : du riz. Donc, je me souviens encore, je ne sais pas si quand tu y es allé, tu l'as vu, les gens transportaient avec deux paniers de chaque côté, avec une lamelle de bambou. [...] Je me souviens que, comme ça, il a pu transporter une certaine partie de riz et à un moment donné, on était tellement pressé par rapport à l'attaque de l'armée et des colons, que mon père a été obligé de le laisser sur la route et de fuir comme ça ».*

Chitibo, entretien 2012.

J'ai aussi recueilli le témoignage des épouses de certains des 72 Jummas. Ainsi Dampudi évoque ici le souvenir de son exil forcé vers les camps :

« On voulait partir à la montagne [...] On ne sait pas où l'on va. On s'est tous perdus dans la famille. Moi je suis allée avec quelqu'un. Maman est allée avec quelqu'un d'autre. Mon frère, mes autres sœurs, on ne savait pas, on s'est perdu. Et puis, au bout d'un moment, on s'est retrouvé, ma sœur ainée, la plus jeune et moi. On s'est retrouvé chez quelqu'un et puis on cherchait les autres [...] On avait faim. On était mort de faim. Ma maman avait faim aussi, mais elle avait gardé tout ce qui était dans la casserole qu'elle avait préparée. Après, elle a tout mis dans la casserole, mélangé du riz, on a tout mis dedans. On n'a pas eu le temps, on était fatigué. On n'avait plus envie. On a bu l'eau du riz vert comme ça. On avait faim. On a trouvé des fruits dans la forêt. Et puis les gens ont demandé une poignée de riz, au moins pour les enfants. On était combien de personnes ? Une centaine, on ne sait pas ! Et puis, les Shantis Bahinis nous amènent deux-trois kilos de riz. Qu'est-ce qu'on va faire avec ! Ma Maman en avait dans la casserole. Elle nous a donné, tiens ! Elle n'a pas jeté. Elle a dit : je ne mange pas, je vais tenir. J'ai dit : maman tu manges au moins ! Non, non, non ! D'abord vous ! Vous êtes petits, donc vous mangez ! Priorité pour les petits. Après on a mangé, on a attendu, attendu. [...] Il faut aller encore loin. Où est-ce qu'on va ? On est allé chez quelqu'un. Je ne sais pas combien de mois on est resté. On voulait aller en Inde ».

Elle évoque aussi la peur vécue au quotidien face aux colons bengalis.

« Pour aller faire les courses, aller en ville, on a toujours peur parce qu'en ville, il n'y a que les Bengalis [...]. On est obligé de prendre le risque parce que si on n'y va pas, on n'a pas de sel, on n'a pas de l'huile, on n'a rien ».

Dampudi, entretien 2012.

5. Vers le traité de 1997

a. La guerre sous le regard de l'opinion internationale

Comme pour toute guerre, son impact dans les médias est un enjeu majeur. En interdisant la région aux journalistes, l'État du Bangladesh tente de cacher ce qui se passe dans les Hill Tracts mais sans totalement y parvenir. Le 25 mars 1980, la presse britannique (London Observer, Far Eastern Economic Rewiew) révèle le massacre de trois-cents villageois par l'armée à Kaokhali. Les nombreux massacres qui se déroulent depuis lors sont dénoncés par quelques ONG de renom (Amnesty International, 1986 ; Anti-slavery Society, 1984 ; Survival International, 1988)[115]. En 1984, Wolfgang Mey publie, avec l'aide d'IWGIA, *Genocide in the Chittagong Hill Tracts*. Danielle Mitterrand parle à son tour de génocide en 1986 à la télévision française. Ces campagnes fragilisent un État du Bangladesh encore très dépendant des pays et des organisations donatrices. En 1990, le gouvernement autorise la venue d'une mission d'observation indépendante. Le rapport de la Chittagong Hill Tracts Commission, (1991) met en évidence, à son tour, les nombreuses violations des droits de l'homme (aussi bien dans les Hill Tracts que dans les camps en Inde) et les spoliations de terres à l'encontre des Jummas. La même année, sous la pression des pays donateurs et d'une large opposition, le général Ershad est contraint de démissionner (cf. encadré 5, p. 96). Son renversement conduit à un fléchissement de l'État face à la rébellion.

b. Le basculement

En 1991, le système parlementaire est rétabli. Khaleda Zia[116], portée par une alliance autour du *BNP*[117], dirige d'abord le gouvernement et

---

115 Cela n'empêche pas d'autres ONG de poursuivre, les yeux fermés, des actions d'aide au développement dans les Hill Tracts. Ainsi, l'UNICEF finance un programme d'accès à l'eau, mais il ne bénéficie qu'aux camps militaires et aux villages stratégiques. Le programme de la Banque asiatique de Développement, visant à développer l'élevage et la pêche, ne profite qu'aux villages de colons. Le gouvernement britannique continue de financer la construction de routes alors qu'elles ont une fonction essentiellement stratégique. Seul le gouvernement suédois met fin à un programme de mise en valeur de la forêt, le Bangladesh refusant de garantir les intérêts des populations tribales (Arens, 2011 ; Mey, 1984).
116 Veuve du général Zia Ur Rahman.

le Premier ministre devient aussi ministre de la Défense ce qui lui confère autorité sur les forces armées (cf. encadré 5). Ce retournement politique est aussi le symptôme d'une évolution des rapports de force interne et traduit un affaiblissement du pouvoir militaire face au pouvoir civil. Les nouvelles équipes dirigeantes sont donc plus sceptiques quant à la possibilité d'une solution militaire au conflit (Mohsin, 2003). Mais elles restent profondément déterminées à conserver la mainmise sur les ressources économiques des Hill Tracts.

Du côté des Jummas, la guerre épuise les populations civiles. Les réfugiés voient s'évanouir l'espoir d'un retour au pays. Tout cela attise les tensions au sein du mouvement[118] et renforce la position des partisans de la négociation.

Mais l'élément décisif est le poids croissant de la pression internationale (Panday et Jamil, 2009) et le durcissement de l'attitude de l'Inde[119]. Dans les années 1990, le problème des réfugiés tend les relations Bangladesh-Inde. Ils coutent d'autant plus cher à cet État que celui-ci refuse, à ce propos, toute aide étrangère. Les deux pays entament donc des pourparlers concernant le retour des réfugiés. L'Inde fait alors pression pour que le Bangladesh et le *PCJSS* signent un accord de paix, préalable au retour des réfugiés.

C'est donc sous la contrainte que le parti représentant les Jummas négocie avec le gouvernement Zia à partir de 1991. Déjà, il recule sur l'exigence d'un scrutin d'autodétermination et lui substitue la demande d'un Conseil régional avec statut particulier reconnu par la Constitution. Cependant, le *PCJSS* reste ferme sur la demande d'autonomie, le retrait des camps militaires, le retour des réfugiés (et la récupération des terres qu'ils ont quittées) et la fin de l'arrivée des colons bengalis. Cela reste inacceptable pour le gouvernement Zia.

---

[117] Bangladesh Nationalist Party, fondé par Zia Ur Rahman en 1978.
[118] Dont l'unité est fragile (cf. 7.b).
[119] L'Inde n'a jamais matériellement soutenu les Jummas, se contentant de leur apporter un soutien verbal et diplomatique prudent.

c. La signature de l'accord met fin à une guerre

Comment des adversaires en lutte armée en sont-ils venus, par-delà les méfiances accumulées, à bâtir un accord qui met fin à la guerre ?

Avec l'arrivée au pouvoir de Sheikh Hasina[120], en juin 1996, à la tête de l'*Awami League*, le processus s'accélère. Les forces qui l'ont portée au pouvoir veulent voir aboutir la négociation. L'*Awami League* entretient de bonnes relations avec l'Inde. Il en résulte le retrait public du soutien de l'Inde aux autonomistes. Plus encore, l'Inde cesse la fourniture de nourriture dans les camps de réfugiés. Tout cela force la main du *PCJSS* et accélère le processus de négociation (Mohsin, 2003 ; Van Schendel, 2009).

Ainsi, le 2 décembre 1997 le gouvernement et le *PCJSS* signent un accord qui met fin à la guerre. S'il clôt une guerre désastreuse, ce traité ne met pas fin pour autant à la situation de domination dont sont victimes les Jummas, même s'il en atténue les contours. Négociant en position défavorable, le *PCJSS* est loin d'obtenir ce pour quoi il combattait.

En voici les principales dispositions[121] :

- La reconnaissance d'un statut particulier pour les Hill Tracts définis comme « *tribal inhabited region* ».
- Une organisation administrative propre à cette région avec la mise en place d'un Conseil Régional des Hill Tracts dont les pouvoirs administratifs, de police, de justice et de supervision des projets de développement sont précisés. Un ministère des Affaires des Hill Tracts est également créé, administré par un Jumma.
- Le retrait des camps militaires liés à la guerre et le désarmement de la rébellion.
- Le retour des réfugiés et des déplacés et la restitution de leurs terres.

---

[120] Fille de Mujibur Rahman, premier président de la République populaire du Bangladesh.
[121] Pour le texte complet voir : http://peacemaker.un.org/node/1449, consulté le 7/03/2017.

- La mise en place d'une Commission de la terre chargée de régler les litiges fonciers.

Le traité met donc en place des dispositions administratives différentes de celles du reste du pays. De plus, les Hill Tracts conservent quelques particularités régionales, vestiges de l'autonomie d'antan. Ainsi demeurent les fonctions des trois rajas et un système particulier de paiement des impôts (Van Schendel, 2009).

Mais ce qui a été obtenu n'a pas été intégré dans la Constitution du Bangladesh ce qui en fragilise la portée, d'autant que les opposants au traité considèrent que l'autonomie accordée est peu conforme au caractère unitaire de l'État inscrit, lui, dans la Constitution (Mohsin, 2003 ; Van Schendel, 2009). Quant au *Conseil Régional*, tout va dépendre des moyens qui lui seront accordés pour fonctionner. Cette autonomie fragile et partielle est donc octroyée dans le cadre de rapports qui continuent à allier mise à l'écart et rapport de domination. Et comme le précise Amena Mohsin (2003) :

> « *L'accord contredit le principe d'égalité, au nom duquel les Peuples des collines avaient combattu, et plus encore, la construction par l'accord de catégories comme tribu et nation détermine des positions de dominant et de dominés au sein des différentes communautés vivant à l'intérieur de l'État-nation* » *(p.45, trad. libre).*

Ce qu'elle précise encore plus loin en écrivant :

> « *À travers la reconnaissance des CHT comme "tribal inhabited area", et non comme la terre de la nation Jumma, l'État réaffirme la domination et l'hégémonie de la nation bengalie à l'intérieur de l'État du Bangladesh (...) La revendication par le PCJSS d'une reconnaissance comme nation était une demande et une affirmation de l'égalité des Peuples des collines face aux Bengalis* » *(p.52-53, trad. libre).*

Tout cela est donc loin de ce que pouvaient espérer les Jummas. Le gouvernement du Bangladesh a fait, certes, des concessions concernant l'autonomie politique et économique, mais il n'a pas accepté de reconnaitre la nation jumma, il ne s'est pas clairement engagé dans un processus de démilitarisation, la question cruciale de l'installation de colons bengalis n'est pas traitée et la résolution du problème foncier reste suspendue au bon vouloir d'une *Commission* aux contours indécis.

d. *Un lourd bilan*

Ces vingt années de violence laissent de lourdes traces : 8500 victimes parmi les combattants, 2500 victimes civiles selon *Amnesty International* (Gayer, 2009)[122].

La militarisation de la région et la colonisation des terres par les Bengalis ont aussi modifié en profondeur la situation des Jummas. Plus de 500 camps militaires ont été établis dans la région, souvent sur les hauteurs, pour surveiller le territoire. Les forces armées représentent alors près de 60 000 personnes[123]. Il y a un militaire pour quarante civils dans les Hills Tracts (International Work Group for Indigenous Affairs et al., 2012). Ajoutons à ce tableau une profonde modification de la démographie compte tenu de l'exil de 90 000 Jummas (selon *Amnesty International)* et de l'installation des nombreux colons bengalis (cf. graphique 5). Dès les années 1990, les Bengalis deviennent presque aussi nombreux que les Jummas. Près de cent-mille Jummas ont perdu leurs terres (OFPRA 2011, p. 127), en particulier ceux qui sont partis en exil. Certains sont même traités comme squatteurs lorsqu'ils reviennent sur les terres coutumières qui étaient les leurs (Adnan et Dastidar, 2011).

Le problème de la terre est donc central. Il est aggravé par l'augmentation massive de la population, dont l'effectif a été multiplié par quatre en un demi-siècle, dans une région où les meilleures terres ont été soustraites à l'usage après la construction du barrage de Kaptaï. Les équilibres écologiques sont, de ce fait, gravement menacés.

---

[122] D'autres sources, signalées comme partisanes, citées par Emeline Barrière (2008) donnent le chiffre de 20 000 victimes (dont 15 000 Bengalis). Comme toujours, dans de tels conflits, les chiffres sont peu fiables et disent mal l'horreur de ce qui a été vécu.
[123] Garde-frontières et forces paramilitaires compris.

Graphique 8 : Évolution démographique des Hill Tracts de 1951 à 2001

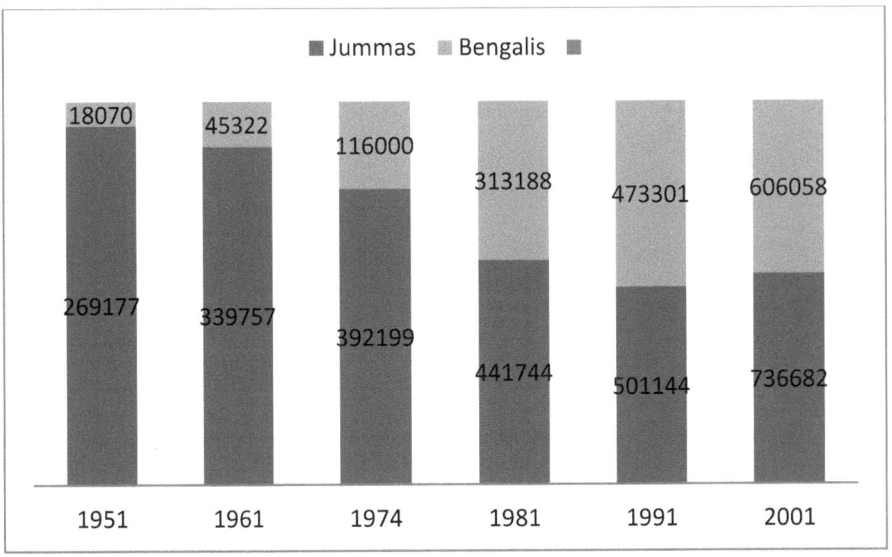

Sources : Données issues de Chowdhury et al., 2014, p. 14. Élaboration personnelle.

Moins de terres, des terres plus fragiles : les bases de la subsistance des populations s'en trouvent ainsi ébranlées. La militarisation de la région et le contrôle par les Bengalis des leviers économiques de la région expliquent que, même si la paix est revenue, les Jummas se sentent en situation précaire sur un territoire auquel ils sont profondément attachés. Aujourd'hui encore, ils y subissent les effets de la domination et vivent dans une grande insécurité.

Le graphique 9 (page suivante) résume la manière dont le Bangladesh a, depuis 1971, mis en œuvre sa domination sur les Hill Tracts et sur les Jummas.

Graphique 9 : Les formes de la domination des Jummas sous l'administration du Bangladesh

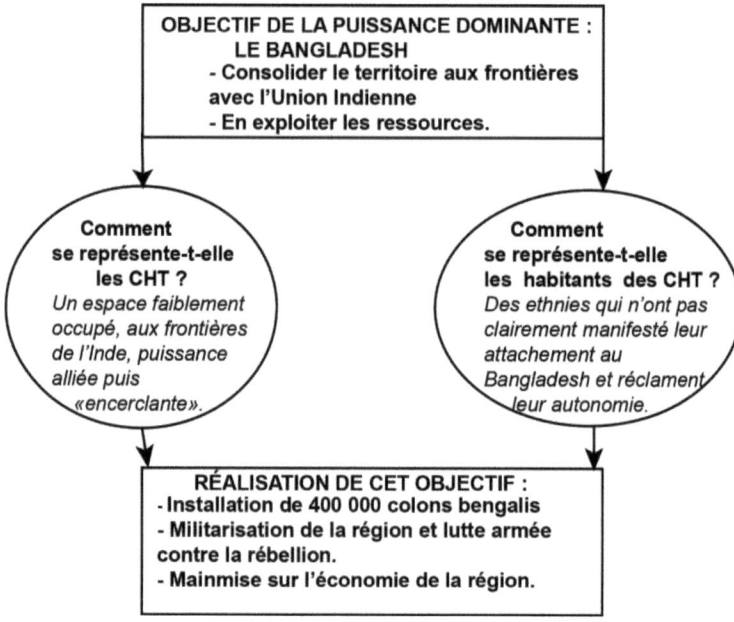

Conclusion

Depuis la colonisation britannique, les Jummas ont été l'objet d'un rapport de domination qui a pris des formes variées dans le temps. Si j'énumère les formes de domination qui se sont combinées de manière variable, depuis le milieu du XIXᵉ siècle, je retiendrai :

- la mise à l'écart,
- l'accaparement de leurs ressources,
- l'absence de prise en compte de leurs choix tant en ce qui concerne les ensembles étatiques au sein desquels ils ont été incorporés qu'en ce qui concerne les projets de développement qui les regardent,
- l'utilisation de la violence armée ou de la négociation dans un rapport hégémonique pour imposer ces choix.

Cette attitude constante se fonde sur la perception qui a animé tous ceux qui les ont dominés depuis deux siècles. Les Jummas sont à leurs yeux des tribaux qui vivent dans un territoire sous habité, potentiellement riche et dont il convient de tirer les ressources. Leur présence fait obstacle à ces projets et le fait de les considérer comme inférieurs, attardés ou sous-développés facilite l'exercice de la domination.

Pour les Anglais, dans l'ambiance du XIXe siècle, il ne fait guère de doute qu'il s'agit de primitifs, de sauvages, de tribus que l'on peut mettre à l'écart, à qui l'on peut laisser la possibilité de gérer seuls leurs affaires internes ce qui économise une gestion directe couteuse, à condition bien sûr de pouvoir en retirer des bénéfices fiscaux et des ressources utiles. Mise à l'écart et accaparement des ressources avec un minimum de militarisation définissent la domination britannique. Lorsqu'ils quittent l'Inde en 1947, les souhaits des Jummas ne font pas le poids face aux équilibres délicats qu'imposent les négociations pour le tracé des frontières des nouveaux États indépendants.

Pour les Pakistanais, les formes de la domination changent. Il s'agit de construire un État unitaire, homogène, musulman et moderne. S'ils hésitent à s'en prendre d'entrée à l'autonomie accordée, celle-ci représente un obstacle à leur projet et finira par être, en partie, vidée de son contenu, d'autant que la construction du barrage de Kaptaï est à leurs yeux un projet de développement majeur pour la région. Plus question donc là de mise à l'écart, mais peu de considération pour *« ces populations attardées »*. Elles sont donc peu consultées pour ce projet majeur de développement, expropriées sans dédommagement ou avec des compensations dérisoires.

L'État du Bangladesh partage les objectifs de l'État pakistanais. Mais, cette fois-ci, le contrôle de la région passe par l'installation de centaines de milliers de colons à partir des années 1980. Pour le tout nouvel État, la maitrise de cette région frontière est stratégique. L'accaparement des ressources s'accélère et touche massivement les terres des Jummas. Cela se fait dans un climat de militarisation massive de la région et de manière très violente. Nombreux sont ceux qui ont dû s'exiler en Inde. Cette phase dure jusqu'aux accords de 1997. Ceux-ci traduisent la volonté de l'État de prendre en compte une résistance jumma qui s'estimait en situation de légitime défense et, s'ils atténuent quelque peu la violence de la domination, ils n'y mettent pas fin comme la partie qui suit le montrera.

Troisième partie : la fin de la domination ou le temps des illusions

L'accord de paix signé en 1997 a été présenté comme un modèle de négociation aboutie et équilibrée entre les représentants d'une résistance issue d'une minorité et l'État qui s'y opposait. Sheikh Hasina a même reçu le prix de l'Unesco Félix Houphouët-Boigny pour la recherche de la paix en 1998. Le jury a ainsi voulu *« attirer l'attention de la communauté internationale sur les efforts... déployés pour la recherche de la paix, par les moyens du dialogue et de la négociation... et exprime le souhait que les résultats obtenus par ces lauréats servent d'exemple pour la résolution des conflits ».* Dans son discours, au moment de la remise du prix, Sheikh Hasina a rendu hommage à Jyotirindra Bodhipriya Larma pour *« sa clairvoyance et sa circonspection dans la recherche de la paix ».* Il a, dit-elle, *« déposé son arme à mes pieds, et ses hommes l'ont fait après lui. Je lui ai, en retour, offert un bouquet de fleurs, des roses blanches ».*

Qu'en est-il sur le terrain vingt ans après la signature des accords de 1997 ? Peut-on parler de paix dans les Hill Tracts après cet accord qui a pu paraître comme exemplaire ?

Pour évoquer cela, les sources sont abondantes. Il y a d'une part, les sources gouvernementales : le *MOCHTA (Ministry of Chittagong Hill Tracts Affairs*[124]*)* et les déclarations officielles du gouvernement. D'un autre côté, on peut se référer aux analyses faites par le *PCJSS* qui a signé les accords de 1997 et par le *Chittagong Hill Tracts Council* à qui les accords ont délégué quelques pouvoirs (alinéa 2.b de l'accord).

Il y a ensuite les rapports des ONG internationales (*Human Rights Watch, Amnesty International, Asian Center of Human Rights*) de défense des droits de l'homme. Ajoutons celles qui défendent en particulier les droits des peuples autochtones (*IWGIA, Survival*). Les rapports des ONG bangladaises (*ASK, Odhikar, Blast*) sont des sources précieuses, mais c'est auprès de *Kapaeeng*, ONG spécialisée dans la défense des minorités ethniques que l'on trouve les informations les plus complètes. On peut aussi s'appuyer sur les

---

[124] http://www.mochta.gov.bd/

nombreuses déclarations faites devant le *Conseil des Droits de l'homme* de l'ONU ou sur celles faites devant les instances qui se penchent, au sein de cette même organisation, sur le sort des peuples indigènes. Les deux rapports de mission, réalisés par l'OFPRA (2011, 2015), font également référence à la situation des Jummas dans les Hill Tracts.

Il faut signaler aussi une autre source particulièrement précieuse : la *Commission des Chittagong Hill Tracts*[125]. Cette commission indépendante, créée en 1990 (cf. 5a), a mandat de :

> *« promouvoir le respect des droits de l'homme, la démocratie et la restauration des droits civils et politiques, le développement participatif et les droits fonciers dans la région des Chittagong Hill Tracts au Bangladesh, y compris l'examen de la mise en œuvre de l'Accord de paix des CHT de 1997 » (trad. libre, site de la commission consulté le 08/ 06 /2016).*

On y trouve des universitaires de renom et des militants connus des droits de l'homme[126]. Elle jouit d'un grand prestige et son caractère international[127] la met à l'abri des pressions internes. Ces avis ont donc du poids aux yeux des donateurs étrangers qui conditionnent leur aide à l'avancée des droits de l'homme dans les Hill Tracts. Ils sont redoutés du gouvernement.

Il y a pour finir quelques articles ou ouvrages consacrés à cette question (Ahmed, 2017 ; Adnan, 2004 ; Shapan Adnan et Dastidar, 2011 ; Chowdhury, 2014, 2017 ; Mohaiemen et al., 2010 ; Mohsin, 2003 ; Panday et Jamil, 2009 ; Roy et Tebtebba Organization, 2010 ; Shahabuddin, 2013).

---

[125] http://www.chtcommission.org/
[126] Elle est composée de personnalités connues pour leur engagement en faveur des droits de l'homme : bangladaises (Sultana Kamal, Sara Hossain, Khushi Kabir) ou internationales (Lord Éric Avebury, Elsa Stamatapoulou, Myrna Cunningham, Bina D'Costa), des universitaires connaissant bien les Hill Tracts : bangladais (Shapan Adnan, Muhammed Zafar Iqbal, Iftekhar Zaman) ou internationaux (Lars-Anders Baer, Michael C. van Walt van Praag, Tone Bleie, Hurst Hannum, Yasmeen Haque).
[127] Sont représentés : la Grèce, le Nicaragua, la Norvège, la Suède, les Pays-Bas, les États-Unis, le Royaume-Uni, l'Australie.

1. Les accords de 1997 : des résultats décevants pour les Jummas

a. L'accord de 1997 encore largement inappliqué

C'est un État fragile, contesté, déstabilisé par la montée de l'islamisme et surveillé par l'armée qui avait à mettre en œuvre les accords de 1997, censés apporter la paix dans les Hill Tracts. Après vingt ans maintenant, le bilan de ce qui a été effectivement mis en application est mince.

Ainsi, l'accord de 1997 prévoyait le retour des réfugiés, la restitution de leurs biens ou des mesures de compensation pour ceux qui avaient été spoliés de leurs terres, la fin de la colonisation par des populations extérieures aux Hill Tracts, le démantèlement des bases militaires et la mise en place d'institutions autonomes.

Dans une déclaration[128] faite le 10 février 2016, devant le Parlement, la Première ministre Sheikh Hasina a déclaré que quarante-huit des soixante-douze clauses du traité de paix de 1997 étaient mises en œuvre. Le 9 mai 2016, elle déclarait qu'à l'exception de la réforme agraire, l'accord était appliqué et que tous les camps de l'armée (sauf quatre) seraient retirés des Hill Tracts[129]. Elle répondait alors au responsable du *PCJSS*, Shantu Larma, qui considérait que la mise en œuvre incomplète des accords de paix provoquait l'instabilité, la méfiance et le désespoir des populations des Hill Tracts[130]. Shantu Larma mettait notamment en exergue les problèmes fonciers non résolus et la dévolution incomplète des pouvoirs au *Hill District Council (HDC)*.

La plupart des observateurs extérieurs, les ONG bangladaises de défense des droits de l'homme, les universitaires ayant travaillé sur cette question considèrent qu'il reste des points clés sur lesquels les

---

[128] http://www.albd.org/index.php/en/updates/news/3456-most-clauses-of-cht-peace-treaty-have-been-fully-implemented-pm-sheikh-hasina, consulté le 08/06/2016.
[129] http://www.thedailystar.net/frontpage/pm-wants-end-cht-land-dispute-1220869, consulté le 08/06/2016.
[130] http://unpo.org/article/19172 et http://www.pcjss-cht.org/ consultés le 08/06/2016.

accords sont restés lettre morte. Quatre points attirent particulièrement l'attention :

- Il y a bien eu retour de 12 000 familles de réfugiés venus des camps du Tripura. Mais 9800 n'ont pas retrouvé leurs terres (photo 11, p. 132) et vivent encore dans des villages-camps (Chowdhury, 2014).
- En ce qui concerne la restitution des terres, la *Chittagong Hill Tracts Land Commission,* chargée de régler le problème foncier, n'a rien résolu. Dans un rapport publié en juin 2013, *Amnesty International*[131] considère que cela traduit l'incapacité du gouvernement à reconnaitre les droits des Paharis[132] sur leurs terres ancestrales. La question est centrale. À ce jour, selon *Amnesty*, la *Land Commission* n'a pas pris une décision sur un conflit foncier. Elle reste totalement paralysée.
- Pour ce qui est du retrait de l'armée, le rapport publié par *International Work Group for Indigenous Affairs et al.* (2012) souligne la présence excessive du personnel militaire dans les Hill Tracts. Alors que la région ne représente que 9 % de la surface du Bangladesh et 1 % de sa population, un tiers de l'armée s'y trouve concentré. Il y a là un soldat pour quarante civils (dans les plaines un soldat pour 1750 civils). Sur les 530 camps militaires répertoriés en 1997, il en resterait 382.
- L'accord a effectivement permis la création d'une nouvelle institution : le *Chittagong Hill Tracts Regional Council*[133.] Mais celui-ci reste cantonné à un rôle mineur (Roy et Gain, 2000 ; Mohsin, 2003 ; Panday et Jamil, 2009). Des domaines essentiels (gestion des terres et des forêts, police...) échappent à son contrôle. Enfin, les membres de cette institution sont désignés par le gouvernement et ne sont pas élus. Ses moyens restent très limités ce qui l'empêche de mettre en œuvre des projets de développement autonomes et adaptés aux Hill Tracts. Pranab Kumar Panday et Ishtiaq Jamil (2009) résument le bilan en écrivant que « *l'accord n'a*

---

[131] https://www.amnesty.org/en/latest/news/2013/06/bangladesh-indigenous-peoples-engulfed-chittagong-hill-tracts-land-conflict/ consulté, le 11/06/16.
[132] *Amnesty International* préfère utiliser le terme *Pahari* plus neutre et moins connoté politiquement que le terme *jumma*.
[133] Présidé encore aujourd'hui par Shantu Larma qui avait signé les accords de 1997 avec le gouvernement au nom du *PCJSS*.

pas réussi à offrir aux peuples indigènes le minimum de participation aux prises de décisions dans l'administration locale » *(trad. libre, p. 1063).*

b. Pourquoi cet échec ?

Il y a sans doute des difficultés liées aux imperfections de l'accord lui-même. Il a été imposé d'en haut par les signataires, sans la présence d'un médiateur, sans l'intervention d'acteurs internationaux et sans qu'il y ait implication de la société civile (D'Costa, 2010). Kajalie Shehreen Islam (2010), dans l'article qu'elle consacre à l'expliquer, reprenant une expression d'Amena Mohsin déclare qu'il y a des « *graines de discorde* » au sein même de l'accord. Elle explique que le problème sensible de la réinstallation des colons a été éludé et que « *sans aborder cette question, l'accord ne peut être mis en œuvre* » *(trad. libre, p. 53).*

Comme le remarquent Pranab Kumar Panday et Ishtiaq Jamil (2009) :

« *Toute paix durable dans la région risque d'y affaiblir la position des colons parce que la pleine implantation des accords – telle que l'établissement d'une commission de la terre – assurerait plus de droits et de privilèges aux peuples indigènes* » *(trad. libre, p. 1068).*

Résoudre le problème des conséquences de la colonisation n'est pas à la portée d'un gouvernement fragile. D'autant que les colons bengalis trouvent des appuis auprès du *BNP*, au sein même parfois de *l'Awami League* et surtout auprès des partis islamistes (Mohaiemen et al., 2010). Le *BNP* et le *JeI* justifient leur opposition aux accords en présentant les Jummas comme animés d'une volonté sécessionniste. Les colons trouvent aussi des soutiens auprès de ceux qui, au sein des classes dirigeantes, ont tiré des profits économiques de leur présence dans les Hill Tracts. Un lobby puissant œuvre donc pour entraver la mise en application des accords[134].

---

[134] Il est animé entre autres par l'organisation *Sama Adhikar Andolon* qui demande l'égalité des droits pour les colons bengalis, et le rétablissement de l'armée dans la région et organise des grèves, des fermetures de commerces et de marchés, des blocages de route dès que le gouvernement tente de faire appliquer un morceau des accords de 1997 comme ce fut le cas à Khagrachhari le 2 juin 2013 (Partha, 2016).

Sans la pression internationale et celle des pays donateurs, le *BNP* aurait rompu les accords de paix, dès son retour au pouvoir en 2002. Dans ce contexte, il a opté pour une stratégie de freinage (Panday et Jamil, 2009 ; Mohaiemen et al., 2010). Dès 2002, il engage devant la cour de justice du Bangladesh un procès pour déclarer les accords de 1997 non conformes à la constitution[135] (Mohaiemen et al., 2010). Le gouvernement Zia, en particulier, a entamé une politique d'islamisation et de « bengalisation » de l'administration des Hill Tracts (Mohaiemen et al., 2010). De plus, pour paralyser la *Land Commission*, il fait voter en 2001 une loi qui rend improbable toute prise de décision. En 2014, Sheikh Hasina, sous la pression des Jummas, de nombreuses ONG et de la commission des droits de l'homme de l'ONU, a tenté d'en débloquer le fonctionnement, mais le parlement s'y est opposé. Cela s'explique par le fait que les leaders locaux des trois principaux partis et nombre de responsables civils et militaires en poste dans la région sont eux-mêmes impliqués dans les spoliations foncières qui affectent les Hill Tracts. Ils n'ont nul intérêt à l'application effective des accords de 1997 (Mohaiemen et al., 2010 ; Shapan Adnan et Dastidar, 2011).

L'autre obstacle majeur à la mise en application des accords tient à la place de l'armée dans les Hill Tracts. Les militaires ont toujours maintenu un contrôle total sur l'application (ou non) des décisions prises concernant la région, manifestant leur autonomie en face des pouvoirs civils (Wolf, 2013). Le gouvernement de Khaleda Zia 2001-2006 (*BNP*), puis le gouvernement militaire intérimaire qui lui succède en 2007 ont entravé la mise en application de cet accord (Mohaiemen et al., 2010). Mais les gouvernements dirigés par Sheikh Hasina (1996-2001 ; 2009-2017) n'ont guère fait mieux alors qu'elle a pourtant signé ces accords et qu'elle avait promis, lors de son retour au pouvoir, leur application. La fragilité de son pouvoir lui imposait de ne pas s'aliéner le soutien de l'armée qui défend, bec et ongles, ses intérêts. Elle est devenue par le biais de fondations, une véritable puissance économique présente dans les secteurs-clés (bois, industries,

---

[135] En 2010, la Haute Cour de Justice a déclaré le traité conforme, mais remis en cause le *CHT Regional Council*.

banques, immobiliers, construction, tourisme[136], etc.) (Ahmed, 2017 ; Bhattacharjee, 2010).

Elle détient donc dans les Hill Tracts la réalité du pouvoir ce que déplore le *PCJSS* signataire des accords de paix. Il explique ainsi l'impuissance du *CHT Regional Council* (Ahmed, 2017). Les quelques opérations, largement entourées de publicité, de démantèlement d'un petit nombre de camps militaires ont surtout eu pour effet de masquer, aux yeux de l'opinion, une présence qui reste très forte.

L'armée contrôle en particulier la circulation des personnes et surtout des étrangers[137] (surtout s'ils sont journalistes ou chercheurs). En mars 2015, le Ministère des Affaires étrangères publie un arrêté qui interdit aux Jummas de parler aux personnes étrangères aux Hill Tracts sans la présence d'un membre de l'armée ou de l'administration. Les autorités militaires souhaitent donc œuvrer dans cette région à l'abri des regards critiques. Aussi, jusqu'en 2008, la région était fermée à la téléphonie mobile. Cette disposition n'existe que pour les Hill Tracts et constitue une discrimination manifeste. Les médias sont particulièrement surveillés. Hana S. Ahmed (2017) rapporte que deux grands quotidiens nationaux ont perdu 25 % de leurs recettes publicitaires pour avoir écrit que l'armée avait abattu deux « activistes » jummas au lieu de les présenter comme des « terroristes ». Les journalistes qui travaillent dans les Hill Tracts reçoivent régulièrement des instructions de la part des militaires sur la manière dont ils doivent rapporter ces évènements (Ahmed, 2013). La région étant considérée comme « spéciale », il y va de la sécurité nationale. Les films sont également surveillés[138].

---

[136] Je décris plus précisément le rôle de l'armée dans l'activité touristique (cf. partie 2.d).
[137] Chris Chapman, conseiller pour les droits des Autochtones au siège d'*Amnesty International* à Londres déclare : « *il est actuellement impossible de se rendre dans les CHT sans être constamment surveillé et accompagné par un officiel* » (Rahmani, 2016, p. 33).
[138] Ainsi, le premier film en langue chakma produit par le cinéaste Aung Rakhine a été censuré parce qu'il n'était pas en bengali et considéré comme diffamatoire pour l'armée. Une séquence de 10 secondes montrait en effet une chaussure de militaire écrasant le jouet d'un enfant chakma.

Encadré 7 : L'armée au cœur d'un État fragile

Pour les Jummas, qui ont subi pendant vingt ans la présence d'une armée répressive, son rôle dans la vie politique est un sujet majeur d'inquiétude. Jérémie Codron (2007) cite un ancien officier qui souligne que « *60 % de l'armée est constamment déployée dans les Hill Tracts et que 100 % des soldats ont au moins servi une fois dans les Hill Tracts* » (p. 27). C'est dire combien cette région occupe une place importante pour les militaires et combien la place de l'armée au sein de l'État est une question brulante pour les Jummas.

Bernard Hours (1992) signalait déjà, en 1992, les liens étroits entre l'armée et l'État. En effet, selon lui, l'armée est alors perçue comme :

> « *le dispositif le plus opérationnel dont dispose l'État, non seulement pour se maintenir, mais aussi pour être représentatif aux yeux des citoyens. L'armée présente la figure d'un ilot de calme, d'ordre et un gisement d'emplois où les fils des classes moyennes inférieures peuvent entretenir leur « différence » et produire leur « distinction »* (p.322).

Pendant les phases de crises récentes (gouvernement intérimaire de 2007 à 2009 et depuis le coup de force de Sheikh Hasina en 2014), l'armée a tenu un rôle majeur. Le gouvernement intérimaire de 2007 est « *de facto un gouvernement contrôlé par l'armée* » (Wolf, 2013, p. 26), le chef d'état-major allant même jusqu'à proposer une révision de la constitution.

Le Bangladesh est un des principaux contributeurs aux forces de maintien de la paix de l'ONU. L'armée est donc à la fois source de prestige et de revenus pour ce pays. Aussi les réactions sont vives quand l'organisation internationale pointe du doigt les atteintes aux droits de l'homme commises par l'armée dans les Hill Tracts.

Aucun gouvernement n'a osé institutionnaliser un contrôle civil effectif des forces armées, condition sine qua non pour consolider une démocratie (Codron, 2007; Wolf, 2013). Les relations du pouvoir civil avec l'armée restent donc informelles. Lors des élections, les deux partis rivalisent d'attentions et impliquent des officiers retraités en leur sein. L'armée est donc contaminée par la bipolarisation violente de la vie politique. Elle est divisée en factions qui nuisent à sa cohésion (Codron, 2007). À chaque changement de régime, des promotions sont accordées aux militaires qui ont fait le bon choix politique. Les autres sont mis à l'écart. Un tel fonctionnement n'est possible qu'à condition d'apporter d'importantes satisfactions symboliques ou matérielles[139] à l'armée dans son ensemble (Wolf, 2013). L'absence de cohésion de l'armée contribue en retour à l'instabilité de la vie politique (Codron, 2007).

L'opinion publique perçoit l'armée comme en capacité de tirer les ficelles dans les coulisses (Codron, 2007) mais aussi comme un ultime recours. Sans illusion sur la corruption des partis politiques, elle n'a pas conscience que celle-ci affecte aussi l'armée. Elle apparait comme incorruptible ce qui est, pour le moins, un mythe (Codron, 2007). De leur côté, les militaires se perçoivent comme les gardiens de la nation (Wolf, 2013). Mais les cadres de l'armée savent qu'ils ne peuvent s'engager trop loin dans la prise de contrôle de l'appareil d'État. L'épisode du gouvernement intérimaire a clairement montré que les donateurs étrangers liaient l'aide apportée au maintien d'un état démocratique, poussant ainsi l'armée à rester dans les coulisses.

Comme le signalent les ONG du Bangladesh qui ont pu recueillir des témoignages et comme l'ont confié aussi les Jummas de France, la présence et la surveillance continuelle exercée par l'armée et la multiplicité des check-points pèsent lourdement sur la vie quotidienne des habitants et créent un climat de peur.

Plus encore, pour justifier sa présence, l'armée procède à la diabolisation des Jummas présentés comme déloyaux à la nation, voire comme potentiellement terroristes. Une telle représentation crée au

---

[139] L'armée du Bangladesh est un des premiers contributeurs aux forces d'intervention de l'ONU, ce qui procure au pays des rentrées de devises et aux militaires des ressources appréciables. (Lewis, 2011, p. 99). La première des missions de l'armée du Bangladesh dans les opérations de maintien de la paix date de 1988 au sein de l'*UNIIMOG* lors de la guerre Iran-Irak (Codron, 2007 p. 27). Ensuite, l'armée bangladaise a fourni un contingent de 2300 hommes lors de la guerre du Golfe en 1991.

sein d'une partie de la population bangladaise un sentiment d'hostilité vis-à-vis des Paharis et perpétue leur marginalisation (Ahmed, 2017).

Aussi, l'armée apparait aux yeux des Jummas comme partiale. Elle soutient financièrement *Somo Odhikar Andolon*[140] qui défend les droits des colons bengalis. Cette organisation est souvent responsable des attaques massives menées contre des villages jummas (International Work Group for Indigenous Affairs et al., 2012). Pour Amena Mohsin citée par Kajalie Shehreen Islam (2010) : « *Les Paharis*[141] *ne considèrent pas l'armée comme les protégeant tandis que les Bengalis le font* » (trad. libre, p.53). À cet égard, bien que le terme de colonisation qualifie l'occupation par une force étrangère d'un territoire qui n'est pas le sien, certains auteurs (Chakma et Hill, 2013) considèrent qu'il est ici pertinent pour décrire ce qui se passe encore aujourd'hui dans les Hill Tracts. On comprend donc la méfiance de beaucoup de Jummas à l'égard de l'armée d'autant que, malgré sa forte présence, l'insécurité reste permanente. Elle prend, pour eux, trois formes principales : la peur d'être dépossédés de leurs terres, d'être agressés et de perdre leur identité.

2. Les Jummas sous la violence d'une occupation intérieure

a. *Les spoliations foncières*

Les spoliations foncières n'ont pas cessé dans les Hill Tracts. (Adnan, 2004 ; Shapan et Dastidar, 2011 ; Panday et Jamil, 2009 ; Chowdhury et al., 2014 ; Mohaiemen et al., 2010). Sur ce point, je m'appuie en particulier sur le rapport écrit par Shapan Adnan et Ranajit Dastidar en 2011. Les deux auteurs expliquent que « *les terres des Paharis continuent d'être la cible d'occupations imposées par la force de la part des colons bengalis, de groupes d'intérêts et d'agences d'État* »[142]. Ils écrivent (p. 23) « *que dans leur ensemble,*

---

[140] Signifie : Mouvement pour l'Égalité des Droits (c'est à dire entre Bengalis et Jummas), formé après les accords de paix avec le soutien du *BNP* et aujourd'hui aussi de l'*Awami League*.
[141] Certains auteurs ou des organisations comme *Amnesty International* préfèrent l'usage de ce terme le considérant politiquement plus neutre que celui de Jumma.
[142] Parmi elles, le *Forest Department* est, de loin, le plus important des spoliateurs de terres jummas obtenues souvent à la suite d'une procédure officielle, effectuée auprès du *Deputy Commissioner* (Adnan et Dastidar, 2011, p. 20).

les administrations civiles et militaires ont continué à opérer dans les Hill Tracts avec la mentalité de la période de la contre-insurrection »[143].

Il est vrai que le statut de propriété des terres est complexe et que se mêlent à la fois, les juridictions propres au Bangladesh dans son ensemble, celles spécifiques au CHT et le droit coutumier des Peuples des collines. Les nouveaux colons bengalis et ceux qui disposent de la puissance économique et/ou politique peuvent aisément jouer de ces confusions. Ils abusent parfois du manque de connaissances de populations pas toujours éduquées et n'hésitent pas à utiliser de fausses allégations ou à falsifier des documents pour aboutir à leurs fins[144] (Shapan Adnan et Dastidar, 2011 ; Partha, 2016). La représentation que beaucoup de Bengalis se font des habitants des collines est ici à l'œuvre et explique ces pratiques. Selon Shapan Adnan et Ranajit Dastidar, (2011, p. 22), les forces de sécurité elles-mêmes *« recherchent actuellement des terres pour établir de nouvelles entreprises commerciales y compris des activités touristiques »*[145].

Si la colonisation des terres jummas, organisée par l'État a cessé, des Bengalis continuent donc à s'installer dans les Hill Tracts avec la complicité tacite de l'armée. Paradoxalement, les accords de 1997, en mettant fin à l'insurrection jumma rendent plus facile l'arrivée de nouveaux colons, moins inquiets de venir s'installer dans une région en principe pacifiée. Aucun gouvernement ne s'y est opposé, argüant de la liberté de circulation au sein du pays. Des agences

---

[143] Pendant cette période, en effet, les terres où se pratiquait le jum ont été considérées comme des terres *khas* relevant de l'État. Elles ont été attribuées aux colons bengalis, souvent sans terres, venus des plaines. Elles ont aussi parfois été léguées à de riches propriétaires bengalis non résidents qui en ont fait des plantations d'hévéas ou d'arbres fruitiers. Ce dernier processus s'est poursuivi après l'accord de paix. Le *Deputy Commissioner* a concédé de nouvelles plantations, en particulier dans le district de Bandarban, à des propriétaires non résidents. En cela, il bafoue les accords de 1997 qui prévoyaient qu'aucune terre ne devait être prise aux Jummas sans l'aval du *Hill District Council*.
[144] Avec parfois la complicité de *karbaris* ou d'*headmen* jummas (rôles expliqués p. 61).
[145] Cela s'est depuis largement réalisé, en particulier dans la région la plus montagneuse autour de Bandarban, autour d'une « route des crêtes » construite dans cet objectif.

commerciales, fonctionnant en marge de la légalité, usant de corruption et d'intimidation[146] se sont spécialisées dans l'achat (ou la spoliation) de terres et leur revente à des particuliers ou à des groupes d'intérêts. Cela a conduit à un vaste processus de privatisation des terres jummas.

Cela se fait parfois de manière violente. Shapan Adnan et Ranajit Dastidar (2011, p. 23) citent l'exemple des incendies criminels des villages indigènes de Baghaihat-Gangarammukh, en avril 2008 et février 2010, provoqués par des colons alors que des forces de sécurité étaient à proximité. « *Ces attaques avaient pour objectif de chasser les Paharis de leurs terres afin que celles-ci puissent être récupérées par des colons bengalis* »[147].

De telles formes de violence ne sont pas toujours nécessaires pour provoquer l'abandon des terres par les Jummas. Certains se sentent pris dans l'étau d'un encerclement graduel de leurs parcelles cultivables et victimes de formes de harcèlement qui les découragent (Adnan et Dastidar, 2011, p. 31). Sabah Rahmani (2016) citant Mong Chowdhury, explique les procédés à l'œuvre :

> « *Les Bengalis déposent, dès qu'ils le peuvent, une plainte souvent « factice » contre les autochtones au camp de sécurité le plus proche, sachant que celui-ci est du côté des colons. Dégoutés par les harcèlements répétés, certains Jummas abandonnent leurs terres et leurs fermes ou les vendent au-dessous de leur prix* » *(p. 35).*

Dans d'autres cas, c'est l'endettement auprès de prêteurs souvent bengalis qui conduit à la vente de leurs terres.

Shapan Adnan et Ranajit Dastidar (2011) replacent ces spoliations dans le contexte de pénétration du capitalisme et de la privatisation dans la région. Après l'accord de 1997 et le rétablissement de la paix, les Hill Tracts s'ouvrent à la pénétration d'entreprises extérieures. De

---

[146] Selon Shapan Adnan et Ranajit Dastidar (2011, p. 29 trad. libre), « *ils louent des milices armées pour couvrir la centaine de travailleurs qui sont déployés pour défricher les terres spoliées, couper les arbres, et démarrer les nouvelles plantations* ».
[147] Parfois ce sont des temples bouddhistes qui sont brulés afin de récupérer les terres alentour.

ce fait, les autochtones doivent faire face à une multitude d'organismes (civils, militaires, voire des ONG ou d'autres autochtones) occupant selon des modalités très diverses les terres qui leur appartenaient. La situation pour eux se complexifie. Conflits ethniques et conflits de classe sont désormais entremêlés.

Devasish Roy (2010, p. 133) constate, pour finir, que les processus de développement mis en œuvre, faits de privatisation de la terre et de développement de l'agriculture commerciale, « *laissent en marge une grande partie des habitants des zones relativement "éloignées", en particulier ceux sans titres officiels à la terre* ». Quand les planificateurs du développement s'y intéressent, ils les incitent à développer les cultures commerciales (de tabac en particulier) au détriment des cultures vivrières. Ce modèle ne tient nullement compte des savoir-faire autochtones. Le *Forest Department,* lui-même, censé pourtant assurer une protection écologique des forêts, met en œuvre des projets (avec la collaboration de la Banque mondiale ou la Banque asiatique de développement) qui détruisent des hectares de forêts tout en spoliant les autochtones de leurs terres. Tout cela bien sûr avec l'approbation de l'armée et du *Deputy Commissioner* (Ahmed, 2017).

b. *Les violences contre les personnes*

En ce qui concerne les violences et les atteintes aux droits de l'homme, tous les auteurs déjà cités et les interventions des activistes jummas devant les instances de l'ONU démontrent que les accords de 1997 sont loin d'y avoir mis fin. Certes, comme déjà souligné, la violence est omniprésente dans les rapports sociaux et politiques au Bangladesh. Mais les minorités sont plus particulièrement touchées.

Trois formes de violence affectent plus spécialement les Jummas : les attaques massives de villages jummas par des colons bengalis, les attaques contre les personnes et en particulier les viols de femmes par ces mêmes colons ou parfois par des soldats de l'armée, enfin les fausses accusations perpétrées contre des Jummas et l'usage de la torture lorsqu'ils sont détenus.

Les attaques massives de villages autochtones suivent souvent le même scénario. Elles se produisent dans des régions où des colons

Photo 9 : Femmes jummas de Sajek face à un véhicule militaire

Photo Hana S. Ahmed, 2010

La confrontation se déroule en 2010, suite à une attaque massive dont a été victime leur village et que les militaires présents n'ont pas empêchée.

Photo 10 : Incendies criminels de maisons jummas

Photo MC Rubin, 2012

Une des quarante maisons jummas incendiées en représailles de la destruction, par des Jummas, d'un champ d'ananas installé sur des terres jummas en 2012.

Photo 11 : Des réfugiés qui n'ont pas encore retrouvé leurs terres

Photo MC Rubin, 2007

Beaucoup de Jummas attendent encore de retrouver leurs terres dans des "villages" de regroupement, comme ici à Jamtouli près de Dighinala, où ils bénéficient de l'aide d'une association française, Peuples des Collines.

Photo 12 : Manifestation après le meurtre d'une petite fille jumma

Photo Pallab Chakma, Kapaeeng Foundation, 2012

Manifestation organisée par des organisations jummas à la suite de l'enlèvement et du meurtre d'une petite fille jumma de 11 ans, à Langadu en 2012.

bengalis s'installent sur des terres jummas, à proximité de camps militaires. Cet épisode avive les tensions entre les communautés. Un incident ou une rumeur propagée provoquent l'étincelle. Des colons bengalis, en groupes organisés, attaquent alors des villages jummas, brutalisent les populations qui s'y trouvent, pillent les maisons et y mettent le feu (photos 9 et 10, p. 132). Même si ces méfaits ont lieu à proximité de camps militaires, l'armée, dans la plupart des cas, ne s'interpose pas. La dernière de ces attaques massives a eu lieu le 2 juin 2017, dans la région de Longadu. Ce jour-là, des incendies criminels massifs, provoqués par des colons bengalis, ont détruit au moins 300 maisons jummas, provoquant l'exode des habitants dans la forêt proche. Par la suite, les auteurs des actes de violence sont rarement arrêtés et jouissent d'une impunité qui encourage la récidive. En revanche, les Jummas, impliqués dans ces affrontements, ne bénéficient pas de la même clémence. Pour certains auteurs (Panday et Jamil, 2009), la complicité d'une partie de l'armée et de l'appareil d'État (ceux qui n'ont jamais été favorables aux accords de 1997) est donc avérée dans ces situations[148].

Entre 2000 et 2010, la plupart de ces incidents se sont déroulés au nord des Hill Tracts. Depuis 2010, les observateurs soulignent que les violences contre les Jummas ont lieu aussi désormais dans le sud. Ainsi, le 13 avril 2013, d'après *Kapaeeng Foundation,* une attaque organisée par des colons bengalis a eu lieu contre des Marmas dans la région de Lama. Par ailleurs, les incidents résultent de plus en plus souvent de spoliations de terres effectuées par des entreprises ou par l'armée[149] afin de créer des plantations ou des *eco-parks*[150]. L'*Asian*

---

[148] De tels incidents se sont produits à Ramgarh, le 26 juin 2001, à Mahalchari, le 23 aout 2003 où plus de 100 maisons, quatre temples bouddhistes, l'école primaire construite par l'*UNICEF*, plusieurs boutiques, des statues de Bouddha ont été brulés. Dix femmes jummas auraient été violées par des colons bengalis (Roy et Tebtebba Organization, 2010 ; Guhaṭhākuratā, 2010) mais aussi dans la région de Khagrachhari le 29 janvier 2006, à Baghaitat (d'après l'*ACHR* : http://www.achrweb.org/Review/2008/215-08.html, consulté le 1/07/2016), à Baghaichari du 16 au 20 février 2010. Ce dernier incident s'est produit alors que Sheikh Hasina, signataire des accords de 1997, était au pouvoir ce qui lui a donné une résonnance particulière (Mohaiemen et al., 2010).

[149] Bina D'Costa (2010, p. 160) évoque le cas de 750 familles Mru évincées de leurs terres, en décembre 2006, dans la région de Bandarban, en vue de construire un camp d'entraînement de l'armée. Un des leaders mru, organisant la lutte a été arrêté, emprisonné, torturé, puis relâché en 2009.

coalition for housing rights (ACHR) signale aussi, en 2015, des affrontements liés à l'arrivée de 15 000 familles de Rohingyas installées par le gouvernement dans le district de Bandarban[151]. Enfin, ces violences prennent plus souvent un caractère religieux comme en témoigne le meurtre d'un moine bouddhiste dans la région de Bandarban en mai 2016. Alors que de nombreuses mosquées sont construites dans les Hill Tracts, les lieux de culte bouddhiste sont souvent vandalisés comme le décrit Ranjan Partha (2016) dans la région de Khagrachhari.

Les attaques contre les personnes, en particulier contre celles qui sont supposées s'opposer aux régimes sont très fréquentes. Cela se traduit par des « disparitions ». Même si cette pratique existe aussi ailleurs au Bangladesh, elle atteint particulièrement les Hill Tracts (Ahmed, 2017).

Après les accords de 1997, le viol continue à être utilisé comme un moyen pour effrayer les populations (Guhahākuratā, 2010 ; Halim, 2010) et les obliger à quitter leur terre. L'ONG *Kapaeeng* (Chowdhury et Chakma, rapport 2015) évalue à 434 le nombre de jeunes filles autochtones violées entre 2007 et 2015[152].

Dans une déclaration recueillie par Sabah Rahmani (2016), Nirupa Dewan déclare : « *Le viol est une arme de guerre. Souiller les femmes c'est compromettre la survie de la population* » (p. 37). La peur qu'éprouvent les jeunes filles pour sortir de chez elles affecte en particulier leur scolarisation. Les auteurs de ces crimes, souvent des colons ou des militaires restent le plus souvent impunis. Les médecins le plus souvent n'osent pas faire un rapport médical honnête, de peur de déclencher une flambée de violence entre Jummas et Bengalis (Ahmed, 2017). Concernant l'impunité des meurtres et des viols, le

---

[150] Un projet, soutenu par la *Banque mondiale*, de construction d'un port à Thega, connecté à un faisceau de routes stratégiques en direction du sud et de l'état de Mizoram, suscite de vives inquiétudes, car il faciliterait encore la pénétration de la région par tous ceux qui veulent y accaparer des terres (Chowdhury et Chakma, 2015).
[151] http://www.achrweb.org/press/2015/BD02-2015.html, consulté le 1/07/ 2016.
[152] Une jeune fille célibataire jumma peut craindre, si elle révèle un viol, de ne jamais pouvoir se marier. Il est donc probable que ce chiffre soit bien inférieur à la réalité.

cas de Kalpana Chakma est emblématique aux yeux des Jummas (encadré 7). Le viol n'est que l'aspect le plus violent d'un climat de terreur vis-à-vis des femmes, créé par une fraction de Bengalis fondamentalistes, usant aussi d'autres formes de violences (harcèlement sexuel, enlèvements, conversions forcées [Chakma, 2010 ; Chakma et D'Costa, 2013]).

Encadré 7 : Kalpana Chakma

Discours prononcé par Kalpana Chakma au Pioneer Club, Khagrachhari, 21 mai 1995.

Nous savons que, partout dans le monde, dans les sociétés et les pays traditionnels, la répression au sein des familles et au sein de la société, c'est presque la même chose. Mais je pense que les femmes sont plus opprimées dans notre pays parce que là, elles sont opprimées à travers les textes de la loi. À cela s'ajoutent les évènements déchirants qui se produisent dans tous les coins des Hill Tracts. Les femmes sont victimisées et rabaissées partout dans les Hill Tracts. C'est, d'une part, le rouleau compresseur des viols, des humiliations commises par l'armée et les bengalis et, d'autre part, les discriminations entre les sexes au sein d'une société ancrée dans la tradition. Cependant, d'une autre dimension sont les massacres brutaux de l'oppression ethnique.

Devant une telle situation, les femmes, sans aucun doute, éprouvent des difficultés à poursuivre une activité de militantes politiques. C'est à travers les épreuves et les souffrances que nous devons poursuivre notre mission politique. Jusqu'à présent, nos femmes ont participé à un mouvement politique plus large à partir d'une position indépendante. Notre revendication pour l'autodétermination est une traduction du mouvement pour l'égalité des sexes. Nous savons que le mouvement pour la libération des femmes ne peut pas trouver sa place hors du contexte de libération des classes et des groupes opprimés de la société. Un peuple opprimé ne peut pas garantir les droits d'un autre ni garantir la sécurité des personnes. C'est pourquoi, mes sœurs, nous devons nous battre pour l'égalité des droits en accentuant notre lutte pour l'autodétermination de notre nation. Nous devons susciter une transformation sociale. Nous ne pouvons pas nier le caractère décadent de notre propre société traditionnelle et patriarcale. En ce sens, la lutte de notre Fédération des Femmes des Collines n'est pas seulement politique ; elle est en même temps une lutte contre la domination masculine au sein de notre famille et de la société ».

Kalpana Chakma est une figure emblématique de la situation dont sont victimes les femmes jummas. Le 12 juin 1996, cette jeune militante, particulièrement connue pour son combat concernant les droits des

> Jummas mais aussi les droits de femmes, était enlevée par l'armée, violée puis assassinée. Depuis vingt ans maintenant, la communauté jumma ne cesse de réclamer une enquête indépendante et des sanctions à l'égard des responsables. Cela n'a jamais été fait. (Guhaṭhākuratā et Van Schendel, 2013 ; Van Schendel, 2009).

Enfin, lorsqu'un incident oppose Jummas et Bengalis (ou soldats), ces derniers jouissent le plus souvent de l'impunité alors que les Jummas sont souvent arrêtés. En prison, de nombreux rapports d'ONG dénoncent la pratique de la torture[153]. Le dernier exemple en date est celui de Rommel Chakma, étudiant de 20 ans, membre du Pahari Chatri Parishad[154], arrêté puis torturé par l'armée et finalement tué, en avril 2017[155]. Même si la pratique de la torture est courante dans l'ensemble du Bangladesh, elle affecte gravement les rapports de la population avec les forces de sécurité et contribue au climat d'insécurité ressenti.

c. Les pratiques culturelles jummas menacées

Si beaucoup, on le verra plus loin, sont tentés de fuir la région, si la colonisation par les Bengalis se poursuit, il y a tout lieu de craindre qu'un jour les Jummas ne soient plus majoritaires sur la terre qui était la leur. On comprend donc les menaces qui pèsent sur le maintien des pratiques culturelles jummas. Les droits attribués en 2007 par l'ONU aux peuples autochtones ne protègent guère les Jummas. En effet, comme évoqué dans le chap.1, 5.a) le Bangladesh refuse désormais de les considérer comme autochtones. De plus, sous l'autorité de Sheikh Hasina, plutôt méfiante vis à vis des courants religieux, la constitution maintient dans son préambule le *« Bismillah al-Rahman-Ar-Rahim »*[156]. Elle confirme l'islam comme religion d'État. Même le droit à l'usage des langues jummas dans les écoles, pourtant promis, n'est toujours pas mis en œuvre. Les effets de cette forte présence de la religion musulmane sont désormais vivement ressentis dans les Hill

---

[153] De telles pratiques existaient pendant la guerre. J'ai pu recueillir quelques témoignages à ce sujet.
[154] Il s'agit de l'aile étudiante de l'UPDF.
[155] Dans le but de cacher ce qui s'était passé, les autorités militaires ont décidé d'incinérer son corps, privant ainsi sa famille de la cérémonie qu'elle doit au défunt.
[156] Au nom d'Allah

Tracts. Ainsi, selon Kabita Chakma et Glenn Hill (2013), le nombre de mosquées a été multiplié par quatre dans la région depuis 2011 et celui des madrasas par quarante-quatre. Des ONG saoudiennes sont à l'œuvre dans ces progrès de l'islamisation. De fortes pressions sont exercées, avec un certain succès, pour que des enfants jummas de familles pauvres intègrent ces écoles coraniques. Dans bien des endroits, l'administration remplace les noms de lieux jummas par des appellations musulmanes, l'État imaginant que les autochtones oseraient moins y résister que s'il s'agissait de termes bengalis (Ahmed, 2017). Selon Kabita Chakma et Bina D'Costa (2013) des femmes jummas ont aussi été obligées de se marier avec des Bengalis et ont été forcées de se convertir à l'islam.

Les pratiques culturelles jummas dans leur diversité et leur spécificité sont donc menacées. Pourtant, des entreprises développent de plus en plus dans les Hill Tracts des activités touristiques qui n'hésitent pas à attirer leur clientèle en les invitant à découvrir les richesses de ces pratiques culturelles.

d. *Le développement d'un tourisme hors du contrôle des Jummas*

Dans une région où la présence de l'armée est aussi obsédante, le développement de l'activité touristique a quelque chose de paradoxal. Ce n'est cependant pas une situation unique et on retrouve cela en Palestine, au Sri Lanka, au Cachemire, voire en Colombie. Comment donc attirer les touristes lorsque par ailleurs la présence très forte de l'armée se justifie par la menace « terroriste » ? L'État propage cependant l'idée que cette présence rend les zones touristiques sures et paisibles pour les touristes (Ahmed, 2017). Autre paradoxe, ces zones, en raison de la présence de moustiques vecteurs de malaria et sujettes à des pannes d'électricité très fréquentes sont une « région de punition » pour les militaires fautifs[157].

Quels touristes, dans ces circonstances, peuvent être attirés par cette région ? Dans sa thèse, Hana Ahmed (2017) montre qu'il s'agit d'abord de jeunes (20-30 ans) des classes moyennes en mal

---

[157] Hana Ahmed (2017) cite le cas d'un officier de police, pris en flagrant délit en train de bruler des maisons appartenant à des autochtones Santals (au nord du Bangladesh), a été muté dans les Hill Tracts par la Haute Cour, en février 2017.

« d'aventure sécurisée ». Beaucoup sont des étudiants. Très peu viennent avec des enfants. On y trouve aussi des familles de militaires. Le Ministère du Tourisme ambitionne aussi d'attirer une clientèle étrangère. Les brochures et les sites internet insistent sur la qualité des paysages vallonnés, inédits dans le reste du Bangladesh et sur le caractère reculé de cette région, habitée par des populations exotiques encore proches de la nature.

L'exemple du développement touristique de la région de Sajek est emblématique de ce tourisme sous haute sécurité. En février 2010, la situation y était très tendue. Une attaque massive de colons bengalis avait détruit près de 400 maisons de Jummas et, selon des témoins présents, sous l'œil passif de l'armée. La zone est fréquemment soumise à des périodes de détresse alimentaire et la dernière a eu lieu en avril 2017. C'est pourtant là que le club des officiers de la région de Khagrachhari a décidé de construire un complexe hôtelier[158] autour duquel, désormais, quelques autochtones offrent des hébergements moins couteux. Deux héliports complètent cet ensemble. De jeunes aventuriers y arrivent par une route vallonnée et dangereuse, perchés en nombre sur le toit de *Chander Gari*[159] (photo 15, p.139), distribuant au passage des bonbons aux enfants indigènes malgré les panneaux interdisant cette pratique. Sur le site de Rock Sajek on peut lire :

> « *C'est un paradis naturel des Chittagong Hill Tracts qui n'a pas été exploré depuis longtemps. La beauté de Sajek est incroyable. Le site a attiré des visiteurs et des touristes du pays et de l'étranger. Le Président, le Premier ministre, les ministres, les dignitaires étrangers ont rendu visite à Sajek et ont été stupéfiés par sa beauté* » *(trad. libre).*

Les brochures distribuées par le club des officiers sont particulièrement lyriques et décrivent la région comme « *un lieu de paix et d'harmonie* ».

---

[158] Voir le site : http://rock-sajek.com/Accomodation-Sajek-Resort/, consulté le 21/11/2017.
[159] Véhicule 4x4, sorte de taxi de brousse, avec trois rangées de sièges, sans vitres et doté d'une plateforme pour ranger des bagages, y installer des animaux ou des passagers.

Photo 13 : Aire touristique de Sajek

Rock Sajek website

Vue aérienne de Ruili Para, site touristique de Sajek

Photo 14 : Complexe hôtelier de Sajek

Rock Sajek website

Complexe hôtelier créé à Sajek par la fondation ROCK : club des officiers de la région de Khagrachhari.

Photo 15 : Touristes arrivant à Sajek en Chander Gari

Photo Hana S. Ahmed

De jeunes touristes venus de Dacca arrivent perchés sur le toit d'un chander gari

Photo 16 : Tour des Hill Tracts

Organisé par le Bangladesh Adventure Club

Photo 17 : Maisons jummas peintes

Photo Hana S. Ahmed

Les militaires ont repeint les maisons des populations jummas aux couleurs rouge et verte du drapeau bangladais. Ils marquent ainsi symboliquement leur emprise sur le territoire.

Les Hill Tracts sont aussi devenus un « terrain de jeu » pour les aventuriers du pays (organisation d'un tour cycliste des CHT en trois étapes en mars 2017, par exemple, voir photo 16, p. 139). Le ministre du Tourisme et de l'Aviation civile a déclaré, en mai 2017, prendre des initiatives pour qu'à l'avenir la région devienne un « *business hub* » et une zone touristique conforme aux standards internationaux à destination de l'Asie du Sud et du Sud-Est. Tout cela échappe totalement au contrôle du *CHT Regional Council*, violant en cela les accords de 1997.

Dans sa thèse, Hana Ahmed (2017) montre comment cette forme de tourisme est une nouvelle expression de la domination que subissent les Jummas. Elle cite un étudiant membre de l'UPDF qui, évoquant les effets du tourisme, n'hésite pas à dire :

> *« Vous n'avez pas besoin de me tuer avec un fusil… Vous pouvez me tuer juste en mettant en place votre forme de développement. Sajek n'est rien d'autre qu'une façon de nous tuer doucement, de se débarrasser de nous. Pour nous ce n'est pas du développement »* (trad. libre, p. 121).

De fait, le tourisme a des effets négatifs pour les populations autochtones. L'armée du Bangladesh a consolidé sa présence dans les Hill Tracts à travers ses entreprises touristiques qui deviennent la façade respectable derrière laquelle se cache l'expropriation des Jummas de leurs terres. Ainsi, 700 familles jummas de 26 villages ont été évincées de leurs terres pour laisser place à des équipements touristiques (Ahmed, 2017). Les violences en particulier vis-à-vis des femmes ont aussi été un outil pour intimider les populations et les amener à brader des terres achetées par l'armée pour ses entreprises. La route des crêtes, créée à des fins touristiques dans les montagnes du sud, constitue aujourd'hui un axe de pénétration pour la colonisation bengalie, jusque-là absente de cette région.

Le développement du tourisme s'accompagne aussi d'effets dégradants pour les autochtones. Hana Ahmed (2017) a recueilli des témoignages qui montrent que des abus sexuels ou des formes de prostitution accompagnent le développement du tourisme. Les populations jummas sont présentées comme participant au caractère exotique du voyage et à ce titre perçues comme objet de photographies originales. On observe là comme ailleurs en pareille situation des effets de « folklorisation » des chants et danses jummas. Certes, le tourisme offre quelques emplois subalternes aux populations autochtones, mais il est bien la manifestation de nouvelles formes de domination comme le révèle symboliquement le fait de peindre aux couleurs du drapeau national les maisons situées au bord de la route qui mène à Sajek (photo 17, p. 139).

Ainsi, pour Hana Ahmed (2017) le tourisme est

> *« un outil pour brouiller et violer les droits de Jummas, normaliser la surveillance et la militarisation et établir une stratégie néolibérale qui donne l'apparence d'une situation de paix tandis que progressent les intérêts des élites dominantes » (trad. libre, p.11).*

Il est donc un moyen pour normaliser la relation entre oppresseurs et opprimés et il escamote la violence de ces rapports aux yeux des visiteurs. Il est aussi un moyen pour prévenir toute future résistance[160]. Frantz Fanon, dès 1961, avait déjà présenté le tourisme comme permettant « *d'imposer la supériorité du modèle occidental…vis-à-vis de l'homme surexploité de la périphérie* »[161]. Cette thèse ensuite a été développée et actualisée par le géographe Georges Cazes, dans son ouvrage de 1989 : *Les nouvelles colonies de vacances, le tourisme à la conquête du Tiers-Monde* ou, plus récemment, par Sylvie Brunel (*La planète disneylandisée*, 2006). Cette forme de tourisme prend donc ses racines dans les méthodes coloniales et néocoloniales de domination et de représentation des populations dominées. Il entrelace un discours sur le développement par le tourisme et le nécessaire apprivoisement d'un espace sauvage et troublé par des populations, tantôt perçues comme potentiellement dangereuses, tantôt comme d'un intérêt exotique à valeur marchande.

Ainsi, les accords de paix n'ont pas mis fin à la violence de la domination subie par les Jummas. S'ils ont mis fin aux formes les plus visibles de la violence qui avaient obligé beaucoup de Jummas à l'exil, ils ont créé une illusion de paix derrière laquelle continuent de se déployer d'autres formes de violence plus insidieuses. La

---

[160] D'où l'intérêt manifesté par un groupe de 30 officiers du Sri Lanka venus visiter Sajek en 2017.
[161] FANON F. et al. (1962) – *Les damnés de la terre*, Paris, La Découverte, 311 p. (p. 99).

domination subsiste donc, les Hill Tracts sont toujours sous un régime d'exception. Le graphique ci-dessous résume la situation nouvelle qui résulte de ces accords.

Graphique 10 : Comment l'État du Bangladesh continue à soumettre les Jummas après les accords de 1997

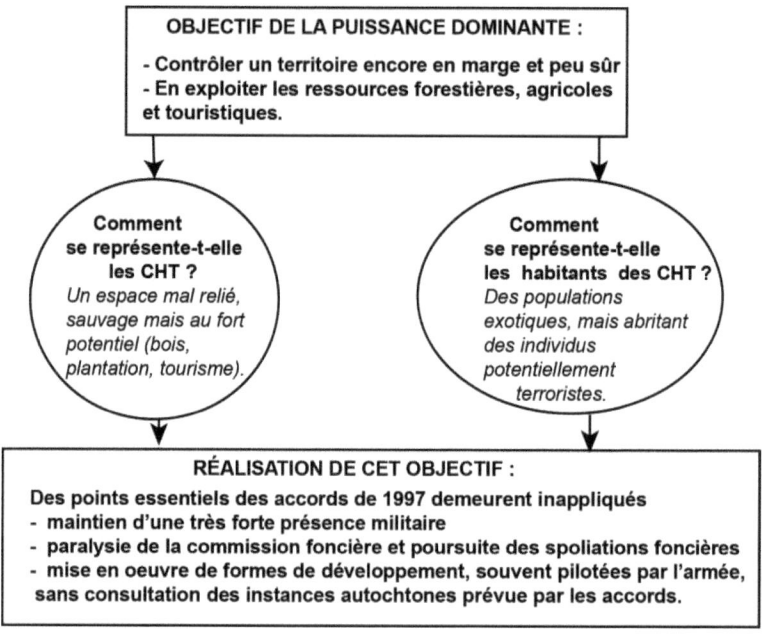

Les habitants des Hill Tracts vivent donc toujours dans une grande insécurité, d'autant que les accords ont profondément divisé les partis politiques jummas eux-mêmes en profond désaccord sur la stratégie à suivre face à ces accords. Les luttes fratricides qui les ont opposés, depuis 1997, ont aussi largement contribué à ce climat d'insécurité.

3. Violences entre Jummas

Pour comprendre la violence des oppositions entre les partis politiques jummas, il faut revenir brièvement sur la manière dont ils sont entrés en lutte contre le gouvernement du Bangladesh. J'ai présenté jusqu'ici l'opposition des Jummas sans attirer l'attention sur les divisions qui fragilisaient ce mouvement. L'unité des Jummas n'allait pas de soi. Avant même de s'accorder sur les objectifs et la stratégie de la lutte, il fallait déjà unifier les différents Peuples des collines.

a. L'invention des Jummas

Le *PCJSS* est fondé en 1972[162]. Ce parti utilise pour la première fois le terme de *Jumma* dans le but d'unifier les Peuples des collines. Il y a là un double paradoxe puisque ce terme est au départ péjoratif[163] et qu'il est mis en avant à l'heure où beaucoup abandonnent le jum pour des formes d'agriculture plus pérennes. Ce ne sont pas des caractéristiques culturelles qui définissent les Jummas puisqu'ils pratiquent des langues différentes et ont des religions différentes. Le *PCJSS* parle *d'un peuple jumma,* d'une *nation jumma* indiquant ainsi qu'il y a construction d'une nation en marche (Van Schendel, 1992, 2009). L'appartenance ethnique jumma émerge donc comme une catégorie pertinente pour l'action politique. C'est de l'intérieur que les Jummas ont construit cette identité commune qui les rassemble et qui les oppose aux Bengalis. L'attachement à la catégorie ethnique a, comme ailleurs en Asie du Sud-Est (Brown, 1994), constitué une réponse aux menaces du groupe dominant bengali[164]. Cette identité construite se réfère aussi à un territoire (les Hill Tracts) qu'il s'agit de protéger des invasions étrangères. Cette connexion entre territoire et nation est une nouveauté au sein d'une culture marquée par le jum où la terre est plutôt perçue comme un don de la nature (Van Schendel, 1992). L'expérience de la colonisation des terres par les Bengalis et, plus encore, la guerre ont renforcé, au sein des Peuples des collines, le

---

[162] Ses membres sont issus de la création en 1957 de *l'Hill Students Association* créée pour protester contre l'action du gouvernement pakistanais dans les CHT. Elle est entrée en clandestinité quand les activités politiques ont été interdites au Pakistan. L'association est au cœur de la lutte contre le barrage de Kaptaï. Elle devient, en 1966, la *CHT Welfare Association*. Les partisans de la lutte armée contre le gouvernement sont désormais en première ligne. Après l'indépendance en 1971, le *CHTWA* est dissout. Il est remplacé par le *PCJSS,* dont la branche armée sont les *Shantis Bahinis* (Van Schendel, 1992).
[163] Le terme *Jumma* est un terme péjoratif bengali utilisé pour désigner les agriculteurs pratiquant l'agriculture itinérante sur brulis (Van Schendel, 1992).
[164] À la différence de ce qui s'est passé au Laos par exemple, il semble qu'il n'y ait jamais eu de volonté d'intégration des Jummas à la nation de la part du gouvernement bangladais qui n'a pas cherché à insérer les minorités ethniques dans une conscience nationale (Marchal, 2002, p. 23)

sentiment d'une histoire partagée. Ils vivaient une épreuve commune de dépossession de terres qui étaient collectivement et naturellement les leurs, terres qui se sont muées en territoire à défendre. C'est donc dans la confrontation et sur des bases plus sociales que culturelles que s'invente une identité jumma qui plonge ses racines dans des confrontations antérieures (avec les Anglais à l'époque de la colonisation, au sein du Pakistan puis du Bangladesh par la suite). Comme l'écrit Tamina Chowdhury (2017) :

> *« L'indigénéité est en fait une identité politique qui a une histoire et qui s'appuie sur l'histoire pour établir sa légitimité. De ce point de vue, c'est ce récit qui encourage les indigènes à s'identifier comme autochtones de leur territoire » (trad. libre, p. 180).*

Cela ne suffit pas cependant pour créer l'unité dans la lutte.

b. *Des divisions déjà dans la lutte*

Des tensions très fortes émergent assez vite au sein du *PCJSS*. Elles sont le résultat de divergences profondes sur les objectifs et la stratégie. Certains, autour de Manabrendra Larma, espèrent encore négocier une autonomie enfin reconnue avec le gouvernement tout en poursuivant le combat. Pour cette majorité du mouvement, l'objectif est clairement d'obtenir au sein du Bangladesh, une grande autonomie qui préserve l'identité jumma. D'autres, autour de Priti Kumar Chakma refusent toute négociation et veulent l'indépendance ou le rattachement à l'Inde. Les tensions internes sont telles qu'elles aboutissent même à l'assassinat du leadeur du *PCJSS*, Manabrendra Larma en novembre 1983 (Mey, 1984). Il est remplacé par son jeune frère Jyotirindra Larma[165].

Il existe aussi un autre mouvement que le *PCJSS*, le *Mukti Parishad*, aux options marxistes-léninistes. Il s'oppose aux positions jugées trop « chauvines » et trop pro-indiennes du *PCJSS*. Ses leaders ont été arrêtés par le gouvernement bangladais et son influence a décliné.

---

[165] Il est connu aujourd'hui sous le nom de Shantu Larma.

Enfin, les méfiances interethniques demeurent sous-jacentes. Les ethnies du sud en particulier (Mru, Khumi, Khyang, Sak, Bawm) ont été beaucoup moins affectées, pendant la guerre, par la colonisation bengalie. Elles vivent dans des régions où les accès sont difficiles, où les plaines sont rares ce qui les a longtemps protégées des convoitises de nouveaux arrivants. Elles redoutent la domination des ethnies majoritaires, en particulier des Chakmas, fer de lance de la lutte.

c. *L'UPDF refuse l'accord de paix*

Lors des accords de 1997, une minorité (*The Hill People's Federation, CHT Student's Federation,* et *The Hill Women's Federation*) a refusé la signature des accords. Pour eux, ils ne répondent pas aux demandes essentielles des Jummas. Leurs dispositions ne reconnaissent ni l'autonomie des Hill Tracts, ni l'identité jumma, ni les droits à la terre des populations concernées. Les accords continuent à traiter les Jummas comme des *tribaux* et non comme des peuples indigènes. Enfin, ces accords ne sont pas protégés par une reconnaissance constitutionnelle (Leckie, 2014). Une part d'entre eux se retrouve au sein de *l'United People's Democratic Front (UPDF)* (Van Schendel, 2009 ; Mohaiemen et al., 2010) et décide de poursuivre la lutte y compris par la violence. Depuis, *UPDF* et *PCJSS* s'opposent violemment : meurtres fratricides et violations flagrantes des droits de l'homme font partie des méthodes employées par chacun des deux groupes. Plus de mille personnes auraient été victimes de kidnapping. Ce conflit aurait provoqué la mort de plus de cinq-cents Jummas depuis 1997 (Chima, 2015 ; Panday et Jamil, 2009). On observe donc là une division courante au sein des peuples opprimés entre ceux qui souhaitent obtenir, par la négociation, une amélioration substantielle de leur situation et ceux qui pensent que le recours à la lutte violente est la seule solution. Chacune de ces deux tendances contrôle en sous-main une partie du territoire jumma (*l'UPDF* la région de Khagrachhari, le *PCJSS* la région de Rangamati) et y prélève des taxes auprès des habitants (Partha, 2016)[166]. Récemment, compliquant encore le tableau, une troisième force a émergé. Créée en 2006, cette

---

[166] Parmi les activistes que j'ai pu rencontrer, certains pensent que le gouvernement comme l'armée attisent les tensions entre les deux factions, la violence de leur affrontement justifiant le maintien d'une présence militaire forte. Certains m'ont affirmé savoir que le gouvernement fournissait des armes aux deux camps. C'est aussi ce qu'affirme Naeem Mohaiemen (in Mohaiemen et al., 2010, p. 31).

fraction minoritaire du *PCJSS* dite *Réformiste* ou *Real* s'oppose avec vigueur au pouvoir devenu sans partage de Shantu Larma tout autant qu'aux méthodes violentes de l'*UPDF*[167]. Cette situation conduit les populations jummas à manifester un faible degré de confiance en leurs élites politiques (Partha, 2016) et désole les Jummas de France.

Au terme de cette description de la situation des Jummas dans les Hill Tracts aujourd'hui, force est de constater qu'elle reste très préoccupante. Comme le soulignent Pranab Kumar Panday et Ishtiaq Jamil (2009), « *l'accord a donc échoué à assurer la stabilité, à établir la paix et à protéger la culture et les identités des communautés indigènes* » (trad. libre, p. 1068). Les spoliations foncières n'ont pas cessé même si elles ont pris désormais des formes nouvelles. Les discriminations restent fortes vis-à-vis des Jummas. Des violences à leur égard éclatent épisodiquement. Les femmes en sont les premières victimes. Les agressions contre les Jummas restent, en grande partie, impunies. Héritage de vingt ans de guerre, le vrai pouvoir dans la région est désormais entre les mains de l'armée, une armée qui a sur place de puissants intérêts économiques à défendre. Cela l'amène à fermer les yeux sur les attaques de colons bengalis, voire à les soutenir. Les luttes fratricides qui opposent les partis politiques jummas servent aussi de prétexte pour pérenniser la présence de très nombreux camps militaires, flagrante atteinte aux contenus des accords de paix de 1997.

Dans cet État dirigé par un pouvoir civil, les Jummas continuent donc à vivre dans la seule région administrée et étroitement contrôlée par l'armée (Van Schendel, 2009) et ressentent cette situation comme une forme d'occupation.

---

[167] Selon des informations récentes, la situation tendrait à s'apaiser entre les trois courants politiques jummas.

Conclusion générale

Lorsqu'un État-nation se construit, on pense souvent qu'il agrège (ou non) petit à petit des minorités culturelles, linguistiques ou religieuses qui lui préexistaient. Celles-ci résistent plus ou moins à l'opération d'unification nationale. L'exemple jumma (et sans doute bien d'autres exemples de minorités dans le monde) montre que ce n'est pas exactement de cette façon que les choses se passent.

Il est légitime de considérer qu'il y a bien eu *fabrique* d'une minorité jumma à partir d'ethnies diverses qui peuplaient les Chittagong Hill Tracts bien avant la mise en place de l'Empire des Indes. Cette fabrique est l'œuvre avant tout des organisations politiques qui ont eu successivement l'emprise sur le territoire des Hill Tracts (Empire Britannique, Pakistan et Bangladesh). Cette affirmation mérite cependant d'être nuancée en ce sens que, peu à peu, une partie des élites politiques qui se dégageaient de ces ethnies ont contribué, à leur tour, à la fabrication de la minorité jumma.

Pour ces populations, cette mise en minorité s'est accompagnée de diverses formes de violence. Ainsi, depuis la colonisation anglaise, elles connaissent la violence de la mise à l'écart, celle de subir des régimes d'exception au sein des organisations politiques qui les englobaient, quand elles n'y ont pas été englobées de force comme ce fut le cas lors du rattachement des Hill Tracts au Pakistan en 1947. Elles connaissent la violence d'une présence de forces militaires qu'elles ressentent comme hostiles et surdimensionnées au vu de leur nombre. Celle-ci a connu un sommet lorsque le gouvernement du Bangladesh a imposé par la force l'arrivée de 400 000 colons bengalis tout en brisant la guérilla qui s'y opposait. Elles connaissent aussi, dès la colonisation britannique, la violence de la confiscation d'une partie des ressources qui leur permettaient de vivre (terres, forêts). Elles connaissent enfin la violence d'avoir été et d'être encore ignorées dans la mise en place des formes de développement qui concernent leur région.

Pour expliquer la permanence de ces formes violentes de domination, le recours à l'histoire s'impose. Avant 1860, moment où les Anglais installent l'administration directe des Chittagong Hill Tracts, les témoignages montrent que vivaient là des tribus (pour reprendre les termes des explorateurs de l'époque) qui étaient peu nombreuses, très mobiles, très diverses par leurs langues et leurs coutumes, qui échangeaient, s'affrontaient parfois, et avaient des relations avec le voisinage (c'est-à-dire l'Arakan, le Tripura et le Bengale). C'est la colonisation britannique qui a isolé et refermé ce territoire. Ce sont les Anglais qui ont créé la distance entre eux et leurs voisins, en particulier bengalis.

Le cadre géographique entre aussi en ligne de compte. Les hasards des constructions géopolitiques ont fait que les Hill Tracts se situaient aux frontières aussi bien de l'Empire des Indes que du Pakistan ou du Bangladesh. Cela a donné à ce territoire une forte valeur géostratégique dans un espace où les tensions de voisinage ont été et restent très fortes. Rien de tel pour justifier sur ce territoire par ailleurs fermé, une forte présence militaire. De plus, ce territoire, en raison de son originalité face au Bengale qui le voisine, dispose de ressources qui manquent aux plaines du delta. Le bois de ses forêts et la possibilité d'y développer des plantations ont attiré là, très tôt, les convoitises du colonisateur et cet atout existe toujours. Par la suite, le potentiel hydroélectrique est une ressource qu'ont voulu valoriser les élites politiques pakistanaises puis bangladaises sans y associer, consulter voire même indemniser les populations autochtones. Aujourd'hui, le Bangladesh développe l'activité touristique, profitant des ressources qu'offre la beauté des paysages des Hill Tracts sans consulter les Jummas et souvent à leurs dépens.

Une telle attitude, constante sur plus de deux siècles, s'explique par la perception de ce territoire que se sont transmise les puissances dominantes. C'est à leurs yeux un espace pratiquement inhabité et où existent en abondance des terres vierges. Les formes d'appropriation collective du sol qui dominaient au sein des Peuples des collines expliquent, ici comme dans d'autres régions habitées par des Peuples autochtones, cette erreur d'appréciation. Considérer les Hill Tracts comme un espace sous-peuplé relève aussi d'une analyse erronée de la densité de population. Certes, face à un delta qui connait les plus fortes densités au monde, les 128 habitants au km² des Hill Tracts font pâle figure. Mais c'est une densité qui est forte, rapportée à l'espace cultivable, rare dans cette région de collines escarpées. L'argument a pourtant servi pour justifier l'arrivée dans la région des 400 000 colons bengalis. Cela s'est traduit par de multiples cas de spoliations foncières. Les autochtones lésés ne pouvaient que ressentir, face à cela, un sentiment de dépossession de leur territoire et vivre l'épisode comme une forme de colonisation.

Ces violences manifestent enfin le peu de considération des puissances dominantes sur les Peuples des collines. Elles prennent source dans les représentations qui ont été successivement présentées et transmises à leur propos. À cet égard, les Anglais portent une lourde responsabilité. Ils ont décrit, dès les années 1860, les « tribus » vivant dans les Hill Tracts comme de « bons sauvages », au bas de l'échelle des civilisations qu'il fallait, dans une optique paternaliste, protéger de l'influence corruptrice de la civilisation et des Bengalis un peu plus évolués qu'eux et en mesure de tirer profit de leur naïveté. Cette image d'arriération a ensuite empêché que soient prises au sérieux les demandes de ces peuples au moment du partage de l'Inde en 1947. Le gouvernement pakistanais ensuite, reprenant l'héritage, voyait dans ces peuples attardés un obstacle à ses projets de développement et il a – comme d'autres l'ont fait ou le font même encore ailleurs – exproprié sans scrupules et sans réelles indemnités ces populations au moment de la construction du barrage de Kaptaï en 1962. Pour finir, le Bangladesh aujourd'hui n'a pas laissé les Jummas gérer leur propre développement dans un cadre d'autonomie comme il se devait de le faire dans le cadre du traité de 1997. La guerre de 1977 à 1997 a surement laissé des cicatrices. Les Jummas restent perçus, encore aujourd'hui, comme méfiants, voire hostiles aux autorités politiques du Bangladesh. C'est d'autant plus vrai que la non-application des accords de 1997 renforce leur méfiance. Une partie des Jummas dénonce le traité de paix et veut poursuivre la lutte contre ce qu'ils considèrent comme une occupation. Aussi, de manière paradoxale, les Jummas sont perçus aujourd'hui comme susceptibles d'actes terroristes alors que le développement du tourisme, largement entre les mains des militaires répand en même temps l'image de populations « exotiques » donnant, par ce biais, à la découverte de leurs danses, musiques et coutumes étranges, une valeur marchande.

Dans ce texte, il n'a pratiquement jamais été question d'affrontement religieux entre les musulmans (Bengalis) et les bouddhistes ou hindouistes (Jummas). Des tensions religieuses existent, mais elles ne se sont manifestées que récemment. On peut même craindre que dans les années qui viennent ces oppositions religieuses soient instrumentalisées – à l'instar de ce qui se passe dans la Birmanie voisine – par les différents acteurs en confrontation. Mais elles ne sont pas à l'origine, comme je l'ai montré, de ce qui a créé distance entre Jummas et Bengalis. C'est donc une analyse profane de la fabrique d'une minorité que j'ai développée, dans la ligne de ce que fait plus largement Georges Corm (2015) quand il fait une lecture profane des conflits du Moyen-Orient. Comme lui, à propos des conflits, j'ai voulu me tenir éloigné des lectures essentialistes (religieuses ou ethniques) de la fabrique des minorités. Il ne s'agit pas pour les activistes jummas que j'ai pu rencontrer - au moins pour le moment - de défendre une essence jumma quasi transcendante ou immuable, mais simplement de pouvoir vivre dans la dignité, ce qui n'est pas le cas aujourd'hui. Dans l'analyse de la fabrique de la minorité jumma, j'ai donc cherché à rendre visibles, les enjeux de pouvoirs autour du territoire des Hill Tracts et autour de l'utilisation des ressources qu'il comporte. J'ai souligné comment les représentations construites ont permis et justifié les violences à l'égard des Peuples des collines, et leur mise à distance, leur mise « en minorité ».

Comme le dit Georges Corm, « *la guerre et la violence, avant de devenir physique et de porter la mort et la désolation, sont toujours, au départ, une guerre des mots, le développement d'une sémantique de l'hostilité envers l'Autre, de sa dépréciation et barbarisation* » (p. 47). La construction d'une vraie paix dans les Hill Tracts passe donc par la prise en compte, par les classes dirigeantes bangladaises des graves séquelles laissées par deux siècles de domination et par un changement de regard sur les Jummas[168].

---

[168] C'est en tout cas le souhait de la communauté transnationale jumma de France. L'ouvrage à paraître dans la même collection montrera que les Franco-Jummas conservent des liens très forts avec leur région d'origine et qu'ils s'engagent pour le respect de Droits de l'homme dans les Hill Tracts et pour l'application des accords de 1997.

Bibliographie

ADNAN S. (2004) –*Migration, land alienation, and ethnic conflict: causes of poverty in the Chittagong Hill Tracts of Bangladesh*, 1st ed, Dhaka, Research & Advisory Services, 2004, 252 p.

ADNAN S., DASTIDAR R. (2011) –*Alienation of the lands of indigenous peoples: in the Chittagong Hill Tracts of Bangladesh*, First edition, Dhaka : Copenhagen, Chittagong Hill Tracts Commission ; International Work Group for Indigenous Affairs, 2011, 186 p.

AGIER M. (2006) – Ce qui rend les terrains sensibles... et l'anthroplogie inquiète, *in Terrains sensibles: expériences actuelles de l'anthropologie*, Dossiers africains, Paris, Bouillon et al., p.175-184.

AHAMMAD R., STACEY N. (2016) – Forest and agrarian change in the Chittagong Hill Tracts region of Bangladesh, *in agrarian change in tropical landscapes*, Deakin et al. Center for International Forestry Research (CIFOR), p.190-233.

AHMAD Q.K. (2006) – Changement climatique, inondations et gestion des crues : le cas du Bangladesh, *Hérodote*, 121, p. 73-94.

AHMED H.S. (2013) –*Politics of Restraint: The Media and the Chittagong Hill Tracts*, vol. Bangladesh Changing Médiascape, Shoesmith et al.., 2013

AHMED H.S. (2017) – *Tourism and state violence in the Chittagong Hill Tracts of Bangladesh*, The University of Western Ontario, 189 p.

AL ASAN A., CHAKMA B. (1989) – Problems of national integration in Bangladesh : the Chittagong Hill Tracts, *Asian survey*, 29, 10, p. 959-970.

AMNESTY INTERNATIONAL (1986) –*Unlawful Killings in the Chittagong Hill Tracts*, Amnesty international, 1986

AMSELLE J.-L. (1990) –*Logiques métisses: anthropologie de l'identité en Afrique et ailleurs*, Paris, Payot, (Bibliothèque scientifique Payot, 1990, 257 p.

ANTI-SLAVERY SOCIETY (1984) –*The Chittagong Hill Tracts: militarization, oppression and the hill tribes*, London, Anti-Slavery Society, (Indigenous peoples and development series, report no. 2), 1984, 96 p.

ANZDEC LIMITED (2011) –*Indigenous Peoples plan, second Chittagong Hill Tracts rural development project*, 2011

ARENS J. (1997) – 'Foreign Aid and Militarization in the Chittagong Hill Tracts, *in Living on the Edge: Essays on the Chittagong Hill Tracts*, South Asia Forum for Human Rights, p.45-80.

ARENS J. (2011) – Génocide dans les Chittagong Hill Tracts, *in Genocide des peuples autochtones*, New Jersey, p.117-142.

ASHRAFUZZAMAN M. (2014) – *The Tragedy of the Chittagong Hill Tracts in Bangladesh: Land Rights of Indigenous People*, Master of Science in Development Studies Social Anthropology, Lund University, 100 p.

BABY-COLLIN V. (2014) –*Prendre place ici et là-bas. Géographie multisituée des migrations boliviennes (Argentine, États-Unis, Espagne)*, vol. 3, HDR Université Paris Ouest Nanterre La Défense, 2014, 530 p.

BAILLAT A. (2013) – Bangladesh, Consultable à http://www.universalis.fr/encyclopedie/bangladesh/ [Accédé le 15 septembre 2015].

BAILLY A., FERRAS R., PUMAIN D. dir (1992) –*Encyclopédie de géographie*, Paris, Economica, 1992, 1132 p.

BARKAT A., HALIM S., PODDAR A. (2009) – Socio-economic baseline survey of Chittagong Hill Tracts, Chittagong Hill Tracts Facility, United Nations development Programme, 307 p.

BARRET C., CHARVET J.-P. (2000) –*Dictionnaire de géographie humaine*, Paris, Ed. Liris, 2000, 191 p.

BARRIÈRE E. (2008) – Le terrorisme au Bangladesh. Explications, historique et analyse, mémoire, I.E.P. Toulouse, 115 p.

BELLIER I. dir (2013) –*Peuples autochtones dans le monde: les enjeux de la reconnaissance*, Paris, L'Harmattan, (Horizons autochtones, 2013), 369 p.

BERNOT L. (1967) –*Les paysans arakanais du Pakistan oriental. L'histoire, le monde végétal et l'organisation sociale des réfugiés Marma*, Mouton, Paris, 1967, 796 p.

BERNOT L., BERNOT D. (1958) –*Les Khyang des Collines de Chittagong, matériaux pour l'étude linguistique des Chin*, Plon, Paris, (Cahiers d'ethnologie, de géographie et de linguistique), 148 p.

BERNOT, LUCIEN (1974) – Les « nous » et les « ils » : contribution à l'étude des relations inter-ethniques, *Ethnies : Paris, Institut d'Études et de Recherches Interethniques et interculturelles,* p. 277-292.

BESSAIGNET P. (1960) – Social research in East Pakistan, *Asiatic society of Pakistan*, 5.

BESSAIGNET P. (1958) – Tribesmen of the Chittagong Hill tracts, Asiatic Survey of Pakistan, Dacca, 1958, 109 p.

BHATTACHARJEE J. (2010) – The Bangladesh Army: Documenting its Corporate Interests, 17, 34p.

BOIVIN M. (1996) –*Le Pakistan*, Paris, Presses universitaires de France, 1996

BONNEMAISON J. (1981) – Voyage autour du territoire, *Espace géographique*, 10, 4, p. 249-262.

BOUILLON F., FRESIA M., TALLIO V. dir (2006) –*Terrains sensibles: expériences actuelles de l'anthropologie*, Paris, Centre d'études africaines, École des hautes études en sciences sociales, (Dossiers africains, 2006), 208 p.

BRAUNS C.-D., LÖFFLER L.G. (1990) –*Mru : hill people on the border of Bangladesh*, Basel; Berlin [u.a.], Birkhäuser, 1990, 248 p.

BRUNEAU M. (1974) – Ethnies, peuplement et organisation de l'espace en Thaïlande septentrionale, *Cahiers d'Outre-Mer*, 108, p. 356-390.

BRUNEAU M. (2002) – Évolution des étagements ethnopolitiques dans les montagnes sino-indochinoises, *Hérodote*, 107 p. 89-107.

BRUNEAU M. (2006) –*L'Asie d'entre Inde et Chine: logiques territoriales des États*, Paris, Belin, (Mappemonde), 2006, 317 p.

BRUNEL S. (2006) – La planète disneylandisée, chroniques d'un tour du monde, Editions Sciences Humaines, PUF, 256 p.

BRUNET R., FERRAS R., THÉRY H. (1992) –*Les mots de la géographie: dictionnaire critique*, 2. éd. revue, Montpellier, Reclus, (Collection dynamiques du territoire), 1992, 470 p.

BUTALIA U. (2000) –*The other side of silence: voices from the partition of India*, Durham, NC, Duke University Press, 308 p.

CALBÉRAC Y. (2011) – Le terrain du géographe est-il un terrain géographique ? Le terrain d'un épistémologue, *Carnets de géographes*, 2.

CAZES G. (1989) –*Les nouvelles colonies de vacances?*, Paris, L'Harmattan, (Collection Tourismes et sociétés, 336 p.

CEFAÏ D. dir (2010) –*L'engagement ethnographique*, Paris, Ecole des hautes études en sciences sociales, (En temps & lieux), 2010, 637 p.

CHAKMA B. (2010) – L'état post-colonial et les minorités: ethnocide dans les Chittagong Hill Tracts, au Bangladesh., *Commonwealth & Comparative Politics*, 48, 3, p. 281-300.

CHAKMA K., D'COSTA B. (2013) – The Chittagong Hill Tracts. Diminishing violence or violent peace?, *in Diminishing conflicts in Asia and the Pacific: why some subside and others don't*, London; New York, Routledge.

CHAKMA K., HILL G. (2013) – Indigenous Women and Culture in the Colonized Chittagong Hill Tracts of Bangladesh., *in Everyday Occupations: Experiencing Militarism in South Asia and the Middle East*, Kamala Visweswaran, p.132-157.

CHIMA J.S. dir (2015) –*Ethnic subnationalist insurgencies in South Asia: identities, interests and challenges to state authority*, Milton Park, Abingdon, Oxon; New York, Routledge contemporary South Asia series.

CHOWDHURY, CHAKMA P. (2015) –*Human rights Report 2015 on Indigenous Peoples in Bangladesh*, Kapaeeng Foundation, Oxfam.

CHOWDHURY M.S. (2014) –*Survival under Threat: Human Rights, Situation of Indigenous Peoples in Bangladesh*, Chian Maï, Dhaka, Asia Indigenous Peoples Pact, Kapaeeng Foundation, 155p.

CHOWDHURY T.M. (2017) –*Indigenous identity in South Asia: making claims in the colonial Chittagong Hill Tracts*, London; New York, Routledge, Taylor & Francis Group, (Routledge advances in South Asian studies, 33), 198 p.

CODRON J. (2007) – Putting Factions 'Back in' the Civil-Military Relations Equation Genesis, Maturation and Distortion of the Bangladeshi Army, *South Asia Multidisciplinary Academic Journal [En ligne]*. Consultable à http://samaj.revues.org/230.

COHN B.S. (1996) –*Colonialism and its forms of knowledge: the British in India*, Princeton, N.J, Princeton University Press, (Princeton studies in culture/power/history), 189 p.

COLLIGNON B., HIRT H. (2017) – Quand les peuples autochtones mobilisent l'espace pour réclamer justice, *Justice spatial*, , 11. Consultable à http://www.jssj.org.

CORM G. (2015) –*Pour une lecture profane des conflits: sur le « retour du religieux » dans les conflits contemporains du Moyen-Orient*, Paris, La Découverte, 2015, 275 p.

D'COSTA B. (2010) – Displacement and Dislocation in CHT, *in Hope and despair: indigenous Jumma peoples speak on the Chittagong Hill Tracts Peace Accord*, Dacca, Mohaiemen et al., p.151-153.

DEBBARMA P.K. (1993) –*The Chakma refugees in Tripura*, New Delhi, South Asian Publishers, 1993, 106 p.

DIMÉO G. (1998) –*Géographie sociale et territoires*, Paris, Nathan, (Fac. Série géographie), 1998, 320 p.

DURAND-DASTÈS F., MUTIN G. (1995) –*Afrique du Nord, Moyen-Orient, Monde indien*, Paris ; Montpellier, Belin ; Reclus, 480 p.

FANON F. et al. (2010) –*Les damnés de la terre*, La Découverte, 311 p.

FENET A., SOULIER G. (1989) –*Les minorités et leurs droits depuis 1789*, L'harmattan, Paris, 1989, 288 p.

FOUCHER M., BRUNEAU M. (2002) –*Asies nouvelles*, Paris, Belin, 2002, 480 p.

FRÉMONT A. (1976) –*La région, espace vécu*, PUF, 223 p.

GAYER L. (2009) –*Mondes rebelles: Asie du sud, fondamentalisme, séparatisme, maoïsme. Afghanistan, Pakistan, Inde, Népal, Sri Lanka et Bangladesh*, Paris, Michalon, 187 p.

GEORGE P. (1984) –*Géopolitique des minorités*, Paris, Presses Univ. de France, (Que sais-je ?, 2189), 127 p.

GOUROU P. (1953) –*L'Asie*, Hachette, Paris, 1953, 536 p.

GUHAṬHĀKURATĀ M. (2010) – The Mahalchari incident, *in Between ashes and hope: Chittagong Hill Tracts in the blind spot of Bangladesh nationalism*, Dacca, Mohaiemen et al., p.63-65.

GUHAṬHĀKURATĀ M., VAN SCHENDEL W. (2013) –*The Bangladesh reader: history, culture, politics*, Durham ; London, Duke University Press, (The world readers), 550 p.

HALIM S. (2010) – Insecurity of Indigenous Women, *in Between Ashes and Hope Chittagong Hill Tracts in the Blind Spot of Bangladesh Nationalism*, Dacca, Mohaiemen et al., p.181-189.

HALL S., OPEN UNIVERSITY dir (1997) –*Representation: cultural representations and signifying practices*, London ; Thousand Oaks, Calif, Sage in association with the Open University, (Culture, media, and identities, , 400 p.

HODSON H.V. (1985) –*The great divide: Britain-India-Pakistan: with an epilogue written in 1985 which sums up the events since partition*, Karachi ; New York, Oxford University Press, 590 p.

HOURS B. (1992) – Pratiques étatiques, pratiquespopulaires et pratiques non gouvernementales au Bangladesh, *in État et société dans le Tiers-Monde*, Paris.

HUTCHINSON R.H.S. (1909) –*Eastern Bengal and Assam district gazetteers : Chittagong Hill Tracts*, Pioneer Press, Allahabad,

INTERNATIONAL WORK GROUP FOR INDIGENOUS AFFAIRS, (2012) –*Militarization in the Chittagong Hill Tracts, Bangladesh: the slow demise of the region's indigenous peoples*, Copenhagen, IWGIA,

ISLAM K. (2010) – Promises pending, *in Between ashes and hope: Chittagong Hill Tracts in the blind spot of Bangladesh nationalism*, Chowdhury M.S., p.52-55.

KHALEQUE K., GAIN P. (1995) –*Bangladesh, land, forest, and forest people*, Dhaka, Bangladesh, Society for Environment and Human Development (SEHD), 162 p.

KOTER M. (1994) – Classification géographique des minorités ethniques, *Espace, populations, sociétés*, 12, 3, p. 288-297.

LECKIE S. dir (2014) –*Land solutions for climate displacement*, MiltonPark, Abingdon, Oxon ; Routledge, Taylor & Francis Group, (Routledge studies in displacement and resettlement), 382 p.

LEVENE M. (1999) – The Chittagong Hill Tracts: a case study in the political economy of « creeping » genocide, *Third World Quaterly*, 20, 2, p. 339-369.

LÉVI-STRAUSS C. (1952) – Kinship Systems of Three Chittagong Hill Tribes (Pakistan), *Southwestern Journal of Anthropology Vol. 8, No. 1, p. 40-51.*

LÉVY J., LUSSAULT M. dir (2003) –*Dictionnaire de la géographie*, Paris, Belin, 2003, 1033 p.

LEWIN T.H. (1869) –*The Hill Tracts of Chittagong and the dwellers therein*, Calcutta, Bengal printing compagny, 1869, 164 p.

LEWIS D. (2011) –*Bangladesh: politics, economics, and civil society*, Cambridge ; New York, Cambridge University Press, 2011, 233 p.

MARCHAL E. (2002) –*Transformation sociale et évolution identitaire dans les Chittagong Hill Tracts*, DEA, Université d'Aix-Marseille, 2002

MEY W. (1984) –*Genocide in the Chittagong Hill Tracts, Bangladesh*, IWGIA, 188 p.

MOHAIEMEN N. et al. dir (2010) –*Between Ashes and Hope Chittagong Hill Tracts in the Blind Spot of Bangladesh Nationalism*, Dhaka, Drishtipat Writers' Collective, 279 p.

MOHSIN A. (2000) – State hegemony, *in The Chittagong Hill Tracts: life and nature at risk*, Roy et Gain, Society for Environment and Human Development, p. 59-77.

MOHSIN A. (2003) –*The Chittagong Hill Tracts, Bangladesh: on the difficult road to peace*, Boulder, Colo, L. Rienner, (International Peace Academy occasional paper series, 2003, 166 p.

MOHSIN A. (1997) –*The politics of nationalism: the case of the Chittagong Hill Tracts, Bangladesh*, Dhaka, University Press, 1997, 253 p.

NATIONS UNIES (2015) –*Note d'orientation du Secrétaire général sur la discrimination raciale et la protection des minorités.*

NATIONS UNIES HAUT COMMISSARIAT AUX DROITS DE L'HOMME (2010) –*Droits des minorités : Normes internationales et indications pour leur mise en œuvre.*

NAYAR K. (1972) –*Distant neighbours: a tale of the subcontinent*, Delhi Vikas Publ. House.

OFPRA (2011) –*Rapport de mission en République populaire du Bangladesh*, Mission organisée par l'OFPRA avec la participation de la Cour nationale du droit d'asile (CNDA), 216 p.

OFPRA (2015) –*Rapport de mission en République populaire du Bangladesh*, Mission organisée par l'OFPRA avec la participation de la Cour nationale du droit d'asile (CNDA), 74p.

PANDAY P.K., JAMIL I. (2009) – Conflict in the Chittagong Hill Tracts of Bangladesh: An Unimplemented Accord and Continued Violence, *University of California Press*, 49, 6, p. 1052-1070.

PARTHA R.S. (2016) – The Consequences of Chittagong Hill Tracts (CHT) Peace Accord at the Village Level: Case Study of Khagrachari Hill District in Bangladesh, *Journal of International Development and Cooperation*, 22, p. 1-14.

PERRIER BRUSLÉ (2017) – Terres et territoires indigènes en Amazonie bolivienne : une justice spatiale complète mais imparfaite, *Justice spatial*, 11. Consultable à http://www.jssj.org.

PONCELET A. (2010) – « Bangladesh, un pays fait de catastrophes », *Hommes et migrations*, p. 16-27.

RAHMANI (2016) – Avec les Jummas du Bangladesh, des peuples oubliés entre le paradis et l'enfer, dans les collines du Bangladesh., *la Chronique*, 356-357, p. 30-39.

RASHID H. ER (1991) –*Geography of Bangladesh*, 2nd rev. ed, Dhaka, Bangladesh, University Press, 1991, 529 p.

RIAZ A. (2016) –*Bangladesh. A political history since independence.*, London, I.B. Tauris & Co. Ltd., 317 p.

ROY D. (2004) – Challenges for Juridical Pluralism and Customary Laws of Indigenous Peoples: The Case of the Chittagong Hill Tracts, Bangladesh, *Arizona Journal of International & Comparative Law*, 21, 1, p. 111-182.

ROY D. (2010) – Resisting Onslaught on Forest Commons in Post-Accord CHT, *in Between ashes and hope: Chittagong Hill Tracts in the blind spot of Bangladesh nationalism*, Mohaiemen et al., .

ROY D., GAIN P. (2000) –*The Chittagong Hill Tracts: life and nature at risk*, Dhaka, Society for Environment and Human Development, 2000, 121 p.

ROY D., TEBTEBBA (ORGANIZATION) dir (2010) –*Hope and despair: indigenous Jumma peoples speak on the Chittagong Hill Tracts Peace Accord*, Baguio City, Philippines, Tebtebba Foundation, 288 p.

ROY R.C.K. (2000) –*Land rights of the indigenous peoples of the Chittagong Hill Tracts, Bangladesh*, Copenhagen, International Work Group for Indigenous Affairs, (IWGIA document, no. 99), 2000, 231 p.

SHAHABUDDIN M. (2013) – Liberal Self-determination, Postcolonial Statehood, and Minorities: The Chittagong Hill Tracts in Context, *Jahangirnagar University Journal of Law*, 1, p. 77-97.

SHELLY M.R. (1992) –*The Chittagong Hill Tracts of Bangladesh: the untold story*, Centre for Development Research, Bangladesh.

SILBERSTEIN B. (2002) – Bangladesh, *in Asies nouvelles*, Paris, Foucher et al., Belin, p. 114-123.

SILBERSTEIN B. (1995) – Le Bangladesh, vieux pays, jeune nation ; le delta et les hommes, *in Afrique du Nord, Moyen-Orient, Monde indien*, Paris, Montpellier, Durand-Dastès et mutin, p.411-427.

SOPHER D.E. (1964) – The swidden rice/wet transition zone in the Chittagong Hill, *Annales de l'Association des géographes américains*, 54, 1, p.107-126.

SURVIVAL INTERNATIONAL (1988) –*Bangladesh-Chittagong Hill Tracts Report for 1988: No End to Human Rights Abuse*, Survival International.

THE CHITTAGONG HILL TRACTS COMMISSION (1991) –*Life is not ours, land and human rights in the Chittagong Hill Tracts, Bangladesh*, Copenhagen, IWGIA.

TRIPURA P. (2010) – Colonial Foundation of Pahari Ethnicity, *in Between Ashes and Hope*, Mohaiemen et al., p. 237-244.

UDDIN S.M. (2006) –*Constructing Bangladesh: religion, ethnicity, and language in an Islamic nation*, Chapel Hill, University of North Carolina Press, (Islamic civilization & Muslim networks), 224 p.

ULHIG H. (1969) – Hill Tribes and Rice Farmers in the Himmalayas ans South-East Asia : problems of the social and écological differentiation of agricultural lanscape types, *Transactions and papers, The Institute of British Geographers*, 47, p. 1-23.

VAN SCHENDEL W. (2015) – Military Sanctuary: Migration in the India Burma Bangladesh Borderland, *in The Age of Asian Migration: Continuity, Diversity and Susceptibility*, Szymanska-Matusiewicz (eds.), p. 108-130.

VAN SCHENDEL W. (1992) – The Invention of the « Jummas »: State Formation and Ethnicity in Southeastern Bangladesh, *Modern Asian Studies Vol.*, 26, 1, p. 95-128.

VAN SCHENDEL W. (2016) – A War Within a War: Mizo rebels and the Bangladesh liberation struggle, *Modern Asian Studies*, 50, 01, p. 75-117.

VAN SCHENDEL W. (2009) – *A history of Bangladesh,* Cambridge ; New York, Cambridge University Press, 2009, 347 p.

VAN SCHENDEL W. (2005) –*The Bengal borderland: beyond state and nation in South Asia*, London, Anthem, (Anthem South Asian studies, 2005, 429 p.

VAN SCHENDEL W., MEY W., DEWAN A.K. (2001) –*The Chittagong hill tracts: living in a borderland*, Dhaka, University Press, 2001

VAN SCHENDEL W., ZÜRCHER E.J. dir (2001) –*Identity politics in Central Asia and the Muslim world: nationalism, ethnicity and labour in the twentieth century*, London ; New York : New York 235 p.

VIEILLARD-BARON H. (2006) – Le terrain et la proximité en question, *in Penser et faire la géographie sociale: contributions à une épistémologie de la géographie sociale*, Rennes, Sechet et Veschambre, p.113-148.

VIOT M., ENNAÏMI M. (2008) – Géographie et politiques de l'aide d'urgence au Bangladesh ; les désastres engendrés par le typhon Sidr, le 16 novembre 2007, *EchoGéo*. Consultable
à http://echogeo.revues.org/2943 [Accédé le 11 octobre 2016].

VOUTAT B., KNUESEL R. (1997) – La question des minorités. Une perspective de sociologie politique, *Politix*, 10, 38, p. 136-149.

WOLF S.O. (2013) –*Ciivl-military Relations and Democracy in Bangladesh*, Heidelberg, Applied political Science of South Asia,

ZAHED I.U.M. (2013) – Conflict between government and the indigenous people of Chittagong Hill Tracts in Bangladesh, *Journal Of Humanities And Social Science*, 16, 5, p. 97-102.

TABLES

Table des cartes

CARTE 1 : LES CHITTAGONG HILL TRACTS AU SEIN DU BANGLADESH 29
CARTE 2 : LES DENSITES DE POPULATION AU BANGLADESH 31
CARTE 3 : LES HILL TRACTS, DIVISIONS ADMINISTRATIVES ET RESEAU DE TRANSPORTS 34
CARTE 4 : POURCENTAGE DE POPULATION ETHNIQUE PAR UPAZILA DANS LES CHITTAGONG HILL TRACTS 38
CARTE 5 : PART DES CHAKMAS PARMI LA POPULATION DE CHAQUE UPAZILA.............................42
CARTE 6 : PART DES TRIPURAS PARMI LA POPULATION DE CHAQUE UPAZILA.............................. 42
CARTE 7 : PART DES MARMAS PARMI LA POPULATION DE CHAQUE UPAZILA 43
CARTE 8 : PART DES ETHNIES N'APPARTENANT PAS AUX TROIS PRINCIPALES ETHNIES PARMI LA POPULATION DE CHAQUE UPAZILA 43
CARTE 9 : NIVEAU D'INSECURITE ALIMENTAIRE 50
CARTE 10 : TAUX D'ALPHABETISATION...50
CARTE 11 : % DES HABITATIONS DISPOSANT DE L'ELECTRICITE 50
CARTE 12 : INDICATEUR SYNTHETIQUE DE DEVELOPPEMENT..50
CARTE 13 : DENSITE DE POPULATION PAR UPAZILA..51
CARTE 14 : % DE POPULATION RURALE PAR UPAZILA 51
CARTE SCHEMA 15 : LES INEGALITES SPATIALES AU SEIN DES HILL TRACTS................................52
CARTE 16 : LES HILL TRACTS SUR UNE LIMITE LINGUISTIQUE TRES MARQUEE DE L'ASIE................57
CARTE 17 : % DE LA POPULATION DE RELIGION BOUDDHISTE PAR UPAZILA 59
CARTE 18 : % DE LA POPULATION DE RELIGION MUSULMANE PAR UPAZILA...............................59
CARTE 19 : % DE LA POPULATION DE RELIGION HINDOUISTE PAR UPAZILA 59
CARTE 20 : % DE LA POPULATION DE RELIGION CHRETIENNE PAR UPAZILA.................................59
CARTE 21 : LA DIVERSITE LINGUISTIQUE AU SEIN DES CHITTAGONG HILL TRACTS 60
CARTE 22 : ÉCHANGES ET RAPPORT DE DOMINATION ENTRE PEUPLES DES VALLEES ET PEUPLES DES COLLINES AU XVIIIE ET XIXE SIECLE 63
CARTE 23 : LE STATUT PARTICULIER DES HILL TRACTS A LA FIN DU XIXE SIECLE 73
CARTE 24 : PRINCIPE ET REALITE DES FRONTIERES INDE-PAKISTAN ORIENTAL..............................83
CARTE 25 : LA REGION N-E DE L'INDE ZONE D'INSTABILITE POLITIQUE 102
CARTE 26 : SCHEMA DE LA PRISE DE CONTROLE DE L'ESPACE PAR L'ARMEE ET LES COLONS BENGALIS DANS LES HILL TRACTS ENTRE 1979 ET 1987 105

Table des encadrés

ENCADRÉ 1 : LE CONCEPT D'ETHNIE 39
ENCADRÉ 2 : PEUPLES AUTOCHTONES 65
ENCADRÉ 3 : BIOGRAPHIE DE DEVASISH ROY 68
ENCADRÉ 4 : LA NAISSANCE DU BANGLADESH 91
ENCADRÉ 5 : CHRONOLOGIE POLITIQUE DU BANGLADESH EN 9 PHASES 96
ENCADRE 6 : TEMOIGNAGES SUR LA GUERRE RECUEILLIS AUPRES DE CERTAINS DES 72 JUMMAS VENUS EN FRANCE EN 1987 107
ENCADRÉ 7 : KALPANA CHAKMA 135

Table des tableaux

TABLEAU 1 : POPULATION DES 3 DISTRICTS DES CHITTAGONG HILL TRACTS DANS LE RECENSEMENT DE 2011 37
TABLEAU 2 : ÉVOLUTION DEMOGRAPHIQUE DES HILL TRACTS DE 1951 À 2001 38
TABLEAU 3 : NIVEAU DE SCOLARITÉ DES HABITANTS DES CHITTAGONG HILL TRACTS 48
TABLEAU 4 : POPULATIONS CONTRAINTES DE QUITTER LEUR VILLAGE DE 1977 À 2007 55

Table des photos

PHOTO 1 : PENTES ESCARPÉES AU SUD 33
PHOTO 2 : LE JUM SUR LES COLLINES 33
PHOTO 3 : RIZIÈRES DANS LES VALLÉES 33
PHOTO 4 : MAISONS SUR LES BUTTES 33
PHOTO 5 : MAISON À KAROLACHARI 54
PHOTO 6 : CHEMIN À DIGHINALA 54
PHOTO 7 : UN MARCHÉ 54
PHOTO 8 : FEMMES RAMENANT DU BOIS 54
PHOTO 9 : FEMMES JUMMAS DE SAJEK FACE A UN VÉHICULE MILITAIRE 132
PHOTO 10 : INCENDIES CRIMINELS DE MAISONS JUMMAS 132
PHOTO 11 : DES REFUGIÉS QUI N'ONT PAS ENCORE RETROUVÉ LEURS TERRES 132
PHOTO 12 : MANIFESTATION APRES LE MEURTRE D'UNE PETITE FILLE JUMMA ... 132
PHOTO 13 : AIRE TOURISTIQUE DE SAJEK 139
PHOTO 14 : INCENDIES CRIMINELS DE MAISONS JUMMAS 139
PHOTO 15 : TOURISTES ARRIVANT A SAJEK EN CHANDER GARI 139
PHOTO 16 : TOUR DES HILL TRACTS 139
PHOTO 17 : MAISONS JUMMAS PEINTES 139

Table des graphiques

GRAPHIQUE 1 : NIVEAU DE PAUVRETÉ AU SEIN DES POPULATIONS RURALES DU BANGLADESH ET DANS LES HILL TRACTS 45
GRAPHIQUE 2 : NIVEAU DE PAUVRETÉ ALIMENTAIRE AU SEIN DES POPULATIONS RURALES DU BANGLADESH ET DANS LES HILL TRACTS 46
GRAPHIQUE 3 : NIVEAU DE PAUVRETÉ ALIMENTAIRE DES FEMMES DANS LES HILL TRACTS 47
GRAPHIQUE 4 : REVENU NET ANNUEL ET DEPENSES ANNUELLES PAR FOYER EN TAKAS 47
GRAPHIQUE 5 : LA FABRIQUE D'UNE MINORITÉ MISE À L'ECART SOUS L'EMPIRE BRITANNIQUE 80
GRAPHIQUE 6 : COMMENT LES NÉGOCIATEURS DE LA PARTITION DE L'INDE SE REPRÉSENTAIENT LES CHT ET LEURS HABITANTS EN 1947 84
GRAPHIQUE 7 : LA MISE À L'ECART DES PEUPLES DES COLLINES SOUS L'ADMINISTRATION PAKISTANAISE 90
GRAPHIQUE 8 : ÉVOLUTION DÉMOGRAPHIQUE DES HILL TRACTS DE 1951 À 2001. 115
GRAPHIQUE 9 : LES FORMES DE LA DOMINATION DES JUMMAS SOUS L'ADMINISTRATION DU BANGLADESH 116
GRAPHIQUE 10 : COMMENT L'ÉTAT DU BANGLADESH CONTINUE À SOUMETTRE LES JUMMAS APRÈS LES ACCORDS DE 1997 142

TABLE DES MATIÈRES

Introduction 13
    Problématique et concepts 14
    Plan 20
    Les sources utilisées 21
    Implication et distance 24

Première partie : Les Jummas aux marges du Bangladesh 27
  1. Les Chittagong Hill Tracts : une région singulière 28
      a. Collines boisées 28
      b. Région sous-peuplée où se pratique le jum ? 30
      c. Une région isolée 32
  2. La part des Jummas ? 36
      a. Le recensement de 2011 36
      b. Encore majoritaire ? 36
      c. Onze ethnies 39
  3. Des conditions de vie difficiles 44
      a. Au sein d'un pays pauvre 44
      b. La plus grande pauvreté des habitants des Hill Tracts 44
      c. Inégalités spatiales 48
      d. Pourquoi ce décalage ? 55
  4. Une autre culture que celle de la majorité des Bangladais 56
      a. Sur une frontière culturelle 56
      b. Les Jummas ne sont pas musulmans 57
      c. Diversité linguistique 58
      d. L'empreinte du jum 61
      e. Peuples des vallées, Peuples des collines 62
  5. Minorités ethniques ou peuples autochtones ? 64
      a. Il n'y a pas de peuples autochtones au Bangladesh 64
      b. Les Jummas peuples autochtones 67

Deuxième partie : les Jummas sous deux siècles de domination (1860-1997) 71
  1. Sous la colonisation anglaise, une autonomie relative 72
      a. Mise en place de l'administration directe britannique 72
      b. Le Chittagong Hill Tracts Regulation Act 77
      c. Bilan de la période coloniale 79
  2. En marge du Pakistan 81
      a. L'intégration non souhaitée au sein du Pakistan 81
      b. L'autonomie menacée 85
      c. Le tournant de Kaptaï 87
  3. Le Bangladesh refuse l'autonomie et installe des colons dans les Hill Tracts 90
      a. Quelle place pour les Peuples des collines dans le nouvel État ? 90
      b. L'autonomie refusée 92

    c. La montée du nationalisme au sein des Peuples des collines 94
    d. Du nationalisme bengali au nationalisme bangladeshi 95
  4. Vingt années de guerre 98
    a. Militarisation et colonisation des Hill Tracts.. 98
    b. La guérilla des Shantis Bahinis 100
    c. Un combat inégal 102
    d. Maitriser l'espace et les ressources.. 104
    e. Fuir la guerre 106
  5. Vers le traité de 1997 110
    a. La guerre sous le regard de l'opinion internationale 110
    b. Le basculement 110
    c. La signature de l'accord met fin à une guerre 112
    d. Un lourd bilan.. 114

Troisième partie : la fin de la domination ou le temps des illusions 119

  1. Les accords de 1997 : des résultats décevants pour les Jummas 121
    a. L'accord de 1997 encore largement inappliqué 121
    b. Pourquoi cet échec ?.. 123
  2. Les Jummas sous la violence d'une occupation intérieure 128
    a. Les spoliations foncières 128
    b. Les violences contre les personnes 131
    c. Les pratiques culturelles jummas menacées 136
    d. Le développement d'un tourisme hors du contrôle des Jummas 137
  3. Violences entre Jummas 142
    a. L'invention des Jummas 143
    b. Des divisions déjà dans la lutte... 144
    c. L'UPDF refuse l'accord de paix.. 145

Conclusion générale 147

Bibliographie.. 151

TABLES 163
  Table des cartes... 163
  Table des encadrés 164
  Table des tableaux 164
  Table des photos 164
  Table des graphiques 165

ASIE
AUX ÉDITIONS L'HARMATTAN

Dernières parutions

DICTIONNAIRE NORD-CORÉEN
De Gouyon Matignon Louis
Tout a été écrit sur la Corée du Nord. Sauf cette situation, unique au monde, d'une langue parlée à l'origine par une même population sur un même territoire, et qui se trouve depuis près de 70 ans comme séparée en deux. La langue parlée au Nord, à l'écart du monde moderne, celle au Sud, résolument engagée dans la contemporanéité. Le même idiome, mais aujourd'hui deux langues, qui se différencient dans le vocabulaire, l'écriture, mais également la prononciation.
(36.00 euros, 350 p.)
ISBN : 978-2-343-12386-8, ISBN EBOOK : 978-2-14-004153-2

UNE DIPLOMATIE DU RESPECT : LE JAPON ET LE MULTILATÉRALISME
Trois cas d'étude : l'Assemblée générale des Nations unies, le PNUD et l'AIEA depuis les années 2000
Tanke Sarah - Préface de Pierre Grosser
Le Japon a mis en place une diplomatie multilatérale très active : contributions financières considérables, visibilité importante dans l'aide au développement, engagement pour le désarmement nucléaire, efforts pour obtenir un siège permanent au sein du Conseil de sécurité des Nations unies, etc. Cet ouvrage interroge donc la place que prend le multilatéralisme dans la diplomatie japonaise ainsi que son rôle dans la diplomatie multilatérale globale.
(Coll. Questions contemporaines, 25.00 euros, 250 p.)
ISBN : 978-2-343-12218-2, ISBN EBOOK : 978-2-14-004327-7

LE YOGA DE LA RAISON
Initiation à la pensée de l'Inde
Bouthillette Karl-Stéphan
Qui s'éveille à la pensée indienne sait rarement se diriger seul. La présente introduction s'adresse à ce non-initié intéressé à découvrir différents courants philosophiques indiens, tout en évitant l'écueil de l'écriture académique formelle. À travers sept tableaux, incluant le yoga, le Védanta et le bouddhisme, apparaissent autant de développements idéologiques qui ont façonné la culture indienne, auxquels s'ajoutent des éléments biographiques inspirés d'aventures personnelles de l'auteur en Inde, enracinant alors le récit dans une expérience d'apprentissage concrète.
(16.00 euros, 146 p.)
ISBN : 978-2-343-12578-7, ISBN EBOOK : 978-2-14-004280-5

LA FRANCE ET LA RÉPUBLIQUE POPULAIRE DE CHINE
Contextes et répercussions de la normalisation diplomatique (1949-1972)
Sous la direction de Françoise Kreissler et Sébastien Colin
Le 27 janvier 1964, un bref communiqué publié simultanément à Paris et à Pékin annonçait l'établissement des relations diplomatiques entre le gouvernement de la République française et le gouvernement de la République populaire de Chine. En ces temps de guerre froide, alors que la RPC se situait depuis sa fondation en marge de la communauté internationale, les contextes et les

répercussions de la décision prise par le général de Gaulle furent de nature multiple. Cet ouvrage se propose de revenir sur ces contextes et répercussions de la normalisation des relations entre la France et la RPC.
(28.00 euros, 296 p.)
ISBN : 978-2-343-12385-1, ISBN EBOOK : 978-2-14-004050-4

GÉNÉRATION HIKIKOMORI
Tajan Nicolas - Préface d'Agnès Giard / Postface de Marie-Jean Sauret
Depuis les années 1990, un phénomène très particulier touche la population japonaise. Chaque année, des centaines de milliers de personnes disparaissent. Appelé hikikomori, «retrait social», ce phénomène désigne des personnes qui, enfermées chez elles pendant plusieurs mois (au moins six), voire plusieurs années, se coupent du monde et n'ont plus aucune relation sociale. Dans une société ultra-organisée et codifiée et où prévaut le collectif sur l'individu, les hikikomori bouleversent l'idée d'un Japon uniforme, suscitent le débat et interrogent une société japonaise en perte de repères.
(Coll. Japon. Études du fait japonais, série Psychologie, 37.00 euros, 384 p.)
ISBN : 978-2-343-12356-1, ISBN EBOOK : 978-2-14-003985-0

LA PÉRENNITÉ DES SYSTÈMES DE CROYANCES OU LE FONDEMENT D'UNE UNITÉ NATIONALE JAPONAISE
Une éthique de l'autonomie
Mourtont Jonathan Jay
Les hiérarchies de valeurs, les normes ou « nomos », issues de croyances ont codifié l'organisation sociale du Japon en assurant de fait leur pérennité. Dans la société, les interactions entre les individus procèdent d'une mémoire collective transmise d'abord au sein des familles, puis par la « praxis » de la « cité ». C'est ainsi que les « autorités narratives », les institutions ont acquis leur légitimité, leur identicité». En somme une société qui procède d'une « Éthique de l'autonomie ».
(18.50 euros, 174 p.)
ISBN : 978-2-343-09066-5, ISBN EBOOK : 978-2-14-003986-7

JACQUES DOURNES – Prêtre, missionnaire, ethnologue
Tison Brigitte
Vingt-cinq années passées sur les hauts-plateaux de l'Asie du Sud-Est, hauts plateaux situés au Vietnam, un carnet de notes sous la main, Jacques Dournes regarde, observe ce qui se passe et se vit autour de lui. Il va ainsi développer une véritable démarche d'ethnologue. Envoyé par les Missions étrangères de Paris pour établir des liens avec des populations ignorant tout du christianisme, il innovera aussi sur ce point. Cet ouvrage dévoile quelques-uns de ses dessins remis à l'auteur peu avant sa disparition, montrant alors la force de l'homme et du chercheur de Dieu qu'il fut tout au long de sa vie.
(Coll. Trajectoires, mouvements, changements, 14.50 euros, 98 p.)
ISBN : 978-2-343-12248-9, ISBN EBOOK : 978-2-14-003978-2

APERÇUS MULTIPLES DU MONDE UYGHUR
Études orientales
Wheidi Souad – Conseillers auprès de la rédaction : Françoise Aubin, Burhan Ghalioun, Marie-Paule Hille
L'ouvrage se décline en cinq parties : Le monde uyghur intellectuel, spirituel et culturel ; Le Xinjiang politique et économique ; Christianisme au Xinjiang ; Pensée islamique en Chine et Han Kitab ; Partie arabe.
(30.00 euros, 474 p.)
ISBN : 978-2-343-11760-7, ISBN EBOOK : 978-2-14-003462-6

LES DÉFUNTS À LA PAGODE
La bouddhisation du culte des ancêtres chez les Vietnamiens de la région parisienne
Gidoin Jérôme - Préface de Richard Pottier
Au Vietnam, le culte des ancêtres et le bouddhisme sont deux systèmes religieux distincts. Ils peuvent être juxtaposés et se chevaucher, mais leurs frontières restent relativement étanches

l'un pour l'autre. Dans le contexte postmigratoire français, on observe un phénomène étonnant et nouveau : ces deux références religieuses sont amenées à entrer en contact. Cet ouvrage, qui s'appuie sur une enquête de terrain réalisée dans des pagodes vietnamiennes de la région parisienne, décrit les multiples aspects de ce contact entre culte des ancêtres et culte bouddhique.
(Coll. Connaissance des hommes, 21.50 euros, 210 p.)
ISBN : 978-2-343-11669-3, ISBN EBOOK : 978-2-14-003480-0

CAP SUR KARAKORUM (nouvelle édition)
Chevauchée franco-mongole sur les traces de Guillaume de Rubrouck
Alix Patrick
Suite à la lecture du livre *Voyage dans l'Empire mongol*, Pierre Létang nourrit le projet de partir sur les traces de Guillaume de Rubrouck, moine franciscain chargé par saint Louis de nouer des liens avec la cour des grands khans mongols. L'auteur de cet ouvrage a tenu le carnet de route de cette formidable épopée, tout en dialoguant avec le texte médiéval. Leur voyage, aux fins tant universitaires que ludiques, contribuera au premier jumelage franco-mongol, ainsi qu'au rayonnement culturel de la Mongolie.
(Coll. Écrire et voyager aujourd'hui, 30.00 euros, 354 p.)
ISBN : 978-2-343-11470-5, ISBN EBOOK : 978-2-14-003038-3

J'AURAI VINGT ANS DANS DEUX JOURS
Tran Thi Hao – Préface de Pierre Brunel
Lan est née à Hanoï au début des années 90, au moment de l'ouverture du Vietnam. Comme les jeunes de sa génération, elle n'a pas connu la guerre, elle ne croyait pas à la guerre, aux bombardements. Elle a 20 ans, étudiante de français dans une université de la capitale, sa vie est belle et pleine d'avenir. Pourtant une grande épreuve va frapper cette jeune fille. Lors d'une hospitalisation, elle devra être amputée des deux jambes. Que s'est-il passé dans son histoire pour être victime de ce drame ? En publiant ce témoignage intime et bouleversant, l'auteure veut aussi rendre hommage aux familles de vétérans, invalides de guerre.
(14,5 euros, 136 p., juillet 2016) EAN : 9782343096674

L'ÉNIGME CHINOISE
Stratégie, puissance et influence de la Chine depuis la Guerre froide
Sous la direction de Pierre Journoud
Préface de Hugues Tertrais – Postface de l'ambassadeur Christian Lechervy
La Chine est susceptible de devenir la première puissance économique mondiale : aucun continent n'échappe désormais à son influence. Comment interpréter l'écart entre les proclamations rassurantes sur le caractère pacifique et responsable de sa puissance, et la poursuite d'un réarmement massif, qui pousse Pékin à bousculer un *statu quo* régional qui ne la satisfait plus et à se déclarer prête à recourir à la force armée dans les disputes territoriales si on l'y obligeait ? Cet ouvrage collectif offre une analyse de la stratégie de la Chine de la fin de la Guerre froide au tournant des années 2015-2016.
(Coll. Inter-National, 36.00 euros, 430 p.)
ISBN : 978-2-343-11929-8, ISBN EBOOK : 978-2-14-003460-2

CAP SUR KARAKORUM
Chevauchée franco-mongole sur les traces de Guillaume de Rubrouck
Alix Patrick
Suite à la lecture du livre *Voyage dans l'Empire mongol*, Pierre Létang nourrit le projet de partir sur les traces de Guillaume de Rubrouck, moine franciscain chargé par Saint Louis de nouer des liens avec la cour des grands khans mongols. L'auteur de cet ouvrage a tenu le carnet de route de cette formidable épopée, tout en dialoguant avec le texte médiéval. Leur voyage, aux fins tant universitaires que ludiques, contribuera au premier jumelage franco-mongol, ainsi qu'au rayonnement culturel de la Mongolie.
(Coll. Écrire et Voyager, 30.00 euros, 350 p., Illustré en couleur)
ISBN : 978-2-343-07667-6, ISBN EBOOK : 978-2-14-001614-1

JAMMU AND KASHMIR IN THE INDO-PAKISTANI CONFLICT (1947-2004)
Reynolds Nathalène
The Kashmir Valley has been the consenting victim to a process of rewriting of history. Many Kashmiris, since they proclaim attachment to the concept of «azaadi» (a synonymous of «independence»), forget various parameters that have marked their history (specially with Pakistan). This book is a translation from French of a work published in 2005: Le Cachemire dans le conflit indo-pakistanais (1947-2004).
(32.00 euros, 322 p.)
ISBN : 978-2-343-09613-1, ISBN EBOOK : 978-2-14-001342-3

PORTEUR DE PIERRES
Prabowo, une histoire de l'Indonésie moderne
Singh William – Traduit de l'anglo-américain par Ann Blustein-Delors
Alors que l'Indonésie a réussi à dépasser la guerre civile, pour se lancer cahin-caha dans la globalisation, des zones d'ombre persistent. Avec la chute du président Suharto, vint l'heure des bilans... et des successions. Son gendre, le général Prabowo Subianto, que d'aucuns considéraient comme son successeur, fut écarté de la route du pouvoir. Trop honnête ? Sanguinaire ? L'auteur de cet ouvrage souhaite corriger un malentendu et participer ainsi à l'apaisement des consciences.
(25.00 euros, 250 p.)
ISBN : 978-2-343-09385-7, ISBN EBOOK : 978-2-14-001454-3

LA CHINE AUTREMENT
Perspectives interculturelles critiques
Dervin Fred
Alors que la France vient de commémorer cinquante ans de relations diplomatiques avec la République populaire de Chine, comment l'Empire du Milieu est-il perçu et représenté en Occident ? Comment se met-il lui-même en scène ? Cette approche critique et réflexive fait émerger des peurs liées à l'altérité fantasmée de la Chine, et montre que le Chinois n'est ni un extraterrestre, ni un robot culturel. Voici un livre pour ceux qui souhaitent aborder la Chine sous un nouvel angle.
(Coll. Logiques sociales, 15.50 euros, 152 p.)
ISBN : 978-2-343-06229-7, ISBN EBOOK : 978-2-336-38148-0

LA LOTERIE EN CHINE : ÉTAT-CROUPIER ET JOUEURS-COOLIES
Jeux de hasard et mutations sociétales
Hu Shen - Préface de Dominique Desjeux
Perçue comme un jeu de soumission passive au sort, la loterie est délaissée par les sciences sociales françaises. Ce livre révèle qu'en Chine, la loterie se veut un jeu susceptible de maîtrise technique. Sa pratique relève dès lors de la lutte active contre le hasard. Plus qu'une preuve de l'esprit ludique des Chinois, ce jeu révèle comment le Parti communiste, sous l'apparence d'un parti unique et uni, est un lieu de bataille politique constante ; et comment les Chinois des classes modestes, sous l'apparence d'un peuple assujetti, cherchent à changer leur sort socio-économique.
(Coll. Logiques sociales, 27.00 euros, 270 p.)
ISBN : 978-2-343-05765-1, ISBN EBOOK : 978-2-336-38082-7

TOURISME SEXUEL ET RELATIONS CONGUGALES EN THAÏLANDE ET EN MALAISIE
Bottero Marion
«Tu me ramèneras une petite Thaïlandaise ?» est la réflexion qu'on a le plus adressée à l'auteur lors de son départ sur le terrain thaïlandais. Tout est dit : la représentation fantasmée des Thaïlandaises, leur objetisation, leur disponibilité. Ce livre montre comment, par le biais des hiérarchies de genre, de classe et de «race», les acteurs occidentaux et orientaux revalorisent leur capital économique, culturel, social et symbolique : les interactions amoureuses mondialisées se font instrument de valorisation du capital et moyen de redéfinir les hiérarchies sociales.
(Coll. Points sur l'Asie, 27.00 euros, 272 p.)
ISBN : 978-2-343-06258-7, ISBN EBOOK : 978-2-336-38074-2

L'Harmattan Italia
Via Degli Artisti 15; 10124 Torino
harmattan.italia@gmail.com

L'Harmattan Hongrie
Könyvesbolt ; Kossuth L. u. 14-16
1053 Budapest

L'Harmattan Kinshasa
185, avenue Nyangwe
Commune de Lingwala
Kinshasa, R.D. Congo
(00243) 998697603 ou (00243) 999229662

L'Harmattan Congo
67, av. E. P. Lumumba
Bât. – Congo Pharmacie (Bib. Nat.)
BP2874 Brazzaville
harmattan.congo@yahoo.fr

L'Harmattan Guinée
Almamya Rue KA 028, en face
du restaurant Le Cèdre
OKB agency BP 3470 Conakry
(00224) 657 20 85 08 / 664 28 91 96
harmattanguinee@yahoo.fr

L'Harmattan Mali
Rue 73, Porte 536, Niamakoro,
Cité Unicef, Bamako
Tél. 00 (223) 20205724 / +(223) 76378082
poudiougopaul@yahoo.fr
pp.harmattan@gmail.com

L'Harmattan Cameroun
TSINGA/FECAFOOT
BP 11486 Yaoundé
699198028/675441949
harmattancam@yahoo.com

L'Harmattan Côte d'Ivoire
Résidence Karl / cité des arts
Abidjan-Cocody 03 BP 1588 Abidjan 03
(00225) 05 77 87 31
etien_nda@yahoo.fr

L'Harmattan Burkina
Penou Achille Some
Ouagadougou
(+226) 70 26 88 27

L'Harmattan Sénégal
10 VDN en face Mermoz, après le pont de Fann
BP 45034 Dakar Fann
33 825 98 58 / 33 860 9858
senharmattan@gmail.com / senlibraire@gmail.com
www.harmattansenegal.com